Dead or Alive

「創造的新陳代謝」
を生み出す
10の基本原則

遠藤 功

生きている会社、死んでいる会社

東洋経済新報社

画《え》の勝負は美しいとか醜いとかいうものではない。生きているか、死んでいるかが問題だ。

美しいようにみえて、死んでいるのがある。みにくいように見えて、生きているのがある(1)。

中川一政

はじめに

「生きている」か「死んでいる」かが問題だ

30年の長きにわたって、経営コンサルタントという仕事をやってきた。その間に、大企業、中堅企業、そしてスタートアップ企業など100社を超える会社とそれなりに濃密なお付き合いをしてきた。

ローランド・ベルガー日本法人の社長、会長も務め、ドイツ本社のスーパーバイザリーボード（経営監査委員会）のメンバーにも選ばれ、グローバル経営にも携わってきた。

この10年近くは複数の会社の社外取締役、社外監査役として経営に関与し、部課長クラスを主な対象とした次世代経営リーダーの育成プログラムも行っている。

これだけの経験を積んだのだから、さぞかし経営のことがわかっただろうと思うかもしれないが、それがそうではない。

残念な話だが、いまだに「経営とは何か」「会社とは何か」がわかったとは言い難い。逆に、知れば知るほど、わからなくなってくる。

最近では、会社とは「生き物」であり、経営とはうつろうものだからそれでいいのだと、自分で自分を慰め、落ち着かせている。

しかし、30年かかってわかったことが、ひとつだけある。

それは、会社は「生きていなければならない」ということだ。

「死んでいる会社」があまりにも多い

経営において本質的に大事なことは、たったひとつ。それは、会社が「生きている」ことである。

「生きている」とは、ただたんに存在することではない。

会社全体が大きな熱を帯び、理詰めで考え、行動し、新たな創造に向かって社員たちの心が奮い立っている。「生きている会社」とは、そういう会社だ。

生きていさえすれば、目の前にどんな困難が待ち受けていても、きっと未来を切り拓いていくことができる。生命体としての力強さが、会社という「生き物」の価値を決める。

「GAFA（ガーファ）」と呼ばれるアルファベット（グーグル）、アップル、フェイスブック、アマゾン・ドット・コムなど、米国西海岸のIT企業が世界を席巻し、躍進しつづけるのは、たんに彼らの先見性や高い技術力だけが理由ではない。

彼らは世界のどの会社よりも挑戦をしつづけ、新たな価値を創造している。

「デーワン（1日目）」の初々しくもフレッシュな気持ちと行動を忘れずに、「生きている会社」でありつづけようと、懸命に努力をしている。

一方、日本にいま、どれほど「生きている会社」があるだろうか。挑戦しつづけ、実践にこだわり、創造に燃えている会社がどれだけあるだろうか。

現実を見れば、挑戦よりも守りに終始し、実践よりも管理に走り、創造ではなく停滞に沈んでいる会社がじつに多い。会社としては存在していても、実体は「死んでいる」。

大志や理想を脇に置き、目先の利益やROE（株主資本利益率）といった経営数字に振り回され、いつの間にか数字だけを追いかける日本企業が増えていることに、私は大きな危うさを感じている。

会社を、数字だけで「いい」「悪い」と安易に判断してはいけない。

最も大事なのは、その会社が「生きている」（alive）か「死んでいる」（dead）かである。

経営とは「創造と代謝を繰り返す」こと

「生きている会社」とはどういう会社を指すのか。それは次の言葉に集約される。

絶え間なく挑戦し、絶え間なく実践し、絶え間なく創造し、絶え間なく代謝する会社

「生きている会社」とは、未来を切り拓こうとする明確な意志をもち、常に自己否定し、挑戦しつづけ、実践しつづけ、創造しつづける会社だ。

しかし、それだけでは足りない。じつは、「生きている会社」でありつづけるための鍵は「新陳代謝」にある。

会社は、よく見れば、いらないものだらけである。

新たなものを創造しようと思えば、「捨てる」「やめる」「入れ替える」をタイムリーかつ大胆に行わなければならない。

私たちは、ともすると「つくる」ことばかりに目が行きがちだ。「創る」「作る」「造る」……。新しいものをつくることは楽しいし、ワクワクする。

経営書やビジネス書のほとんどは、創造やイノベーションばかりを取り上げる。どうしたら革新的な価値やビジネスモデルを生み出し、イノベーションを起こすことができるのか、そのための方法論や戦略、組織のあり方ばかりに光が当たる。

だが、つくったものは、やがて陳腐化し、価値を失っていく。古くて価値を失い、凡庸になったものをどう処理するのかは、あまり前向きな仕事のようには思えない。

しかし、じつは本当に大事なのは、創造ではなく代謝なのだ。

創造に長けている会社は、新陳代謝にも長けている。

「創造戦略」と同時に、「代謝戦略」を明確にし、「捨てる」「やめる」「入れ替える」を適切かつ大胆に実行している。

儲からなくなった事業を捨てる、価値のない仕事をやめる、意味のなくなった組織を撤廃する、人を思い切って入れ替えるなど、新陳代謝することに躊躇がない。代謝を戦略的かつ前向きなものと捉えている。

一方、「死んでいる会社」は著しく代謝が悪い。

老廃物を捨てることができず、新たな栄養分を取り込むことができない。流動性が低く、会社全体が沈滞し、澱んでいる。

代謝なくして創造なし——。

「生きている会社」になろうと思えば、思い切った代謝が不可欠なのである。

「生きている」か「死んでいる」かは、会社の規模や年齢に関係ない

もちろん、日本にも「生きている会社」がないわけではない。

私のまわりにも、会社の規模や歴史にかかわらず、上手に代謝しながら、生気に充ち溢れ、躍動し、創造しつづける会社は存在する。

「途上国から世界に通用するブランドをつくる。」という理念を掲げ、新しい会社のあり方を模索しているマザーハウスは、「生きている会社」の代表例だ。

バングラデシュ、ネパールなどの途上国で高品質のバッグやストール、ジュエリーを生産して日本、台湾、香港で販売し、着実に成長している。ハードルの高いビジネスモデル

をあえて選択し、ほとばしる情熱でいくつもの壁を乗り越えている。

まだまだ小さな会社だが、グーグルやアマゾンなどとは異なる新しい息吹を私は感じている。会社としては小粒でも、やろうとしていることは、とてつもなく大きい。

マザーハウスのような若い会社ばかりではない。

MUJIブランドを世界で展開する良品計画は、連続で最高益を更新し、ROEも17・7%ときわめて高水準である。

しかし、良品計画も順風満帆ではなかった。過去においては業績が悪化し、赤字に転落したこともある。

創業当時の熱気や活力、勢いを失い、「死んでいる会社」へと転落した。そのどん底から這い上がり、「生きている会社」へと再生したのだ。

儲かっているから「生きている」のではない。「生きている会社」に変わることができたから、高水準の利益を上げているのだ。

さらに規模の大きな伝統的企業でも「生きている会社」は存在する。

たとえば、損保ジャパン日本興亜を中核とするSOMPOホールディングスは大企業でありながら、「生きている会社」でありつづけようとする強い意志をもつ会社だ。「安心・安全・健康のテーマパーク」をビジョンとして掲げ、不連続のトランスフォーメーション(変身)に挑戦している。

SOMPOグループは、「『昔、SOMPOは保険会社だったらしい』と言われるほどに進化したい」という明確な攻めの姿勢を貫いている。

「攻めこそ最大の防御」であることを知るのは、けっして米国西海岸の会社ばかりではない。

「生きている会社」であるかどうかは、会社の規模や年齢には関係がない。

小さくても「死んでいる会社」はいくらでもある。逆に、大きくても、瑞々しく「生きている会社」にはなりえるのだ。

「生きている会社」になるための処方箋を明らかにする

本書の目的はただ一点である。

どうしたら「生きている会社」をつくることができるのか。どうすれば日本に生命力溢れる会社を増やすことができるのか。それを解明するのが本書の狙いである。

本書の内容はあくまでも経営に対する私の現時点での「持論」にすぎず、「未完成」の書である。わかっていないからこそ、自分がいま感じていることを素直に書き残そうと思う。

本書は三部構成になっている。3つの大論点に沿って会社の本質を解き明かしていきたい［図表0◆1］。

ひとつめの大論点（第Ⅰ部）は、「会社はどうあるべきか」を問い直すことである。

図表0◆1　本書の全体像

第Ⅰ部　会社はどうあるべきか

- 「会社とは何か」を明らかにする（第1章）
- 創造的新陳代謝（第2章）
- 「会社の構造」を正しく理解する（第3章）

↓

第Ⅱ部　「生きている会社」になるには何が必要か

- 「生きている会社」の必要条件（第4章）
- 「生きている会社」は「熱」を帯びている（第5章）
- 「生きている会社」は「理」を探求している（第6章）
- 「生きている会社」は「情」に充ち溢れている（第7章）

↓

第Ⅲ部　どうすれば「生きている会社」をつくることができるか

- 実践すべき「10の基本原則」（第8章）
- 「突破するミドル」をつくる（第9章）
- 経営者の仕事とは何か（第10章）

「会社とは何か」を改めて吟味し、「創造」と「新陳代謝」の両面について考察する。また、会社を構造的に捉え、「経済体」「共同体」「生命体」という3つの側面から会社の本質を探っていく。

内外の偉大な経営者たちの生き様や根本思想を辿り直し、いま求められている会社像を明らかにする。「会社は生きていなければならない」と私が信じるその根拠を整理したい。

2つめの大論点（第Ⅱ部）は、「生きている会社」になるための条件を明らかにすることである。

私がこれまでに出会った「生きている会社」を考察、分析し、「生きている会社」に共通するものを探り出したい。

「生きている会社」であるための必須条件である「熱」「理」「情」という3つの要素を洞察し、それぞれの意味合いや関係性を解き明かしていく。

3つめの大論点（第Ⅲ部）は、「生きている会社」をつくるために欠かすことができない基本原則を明らかにし、実践的な示唆を抽出することである。

「生きている会社」のエンジンであるべきミドルの活性化や経営者の役割についても言及したい。

「生きている会社」になるための処方箋は、じつはとてもシンプルである。シンプルで当たり前だからこそ、忘れかけていることも多い。

シンプルなことをひたむきにやりつづけることはさらに難しい。基本を大事にし、ぶれない取り組みを心がけなければならない。

さあ、「会社とは何か」を再発見する旅に出よう。

［目次］

生きている会社、死んでいる会社

――「創造的新陳代謝」を生み出す10の基本原則

第3章 「会社の構造」を正しく理解する

第6章　「生きている会社」は「理」を探求している

第III部 どうすれば「生きている会社」をつくることができるか

第8章 実践すべき「10の基本原則」 269

第10章　経営者の仕事とは何か　347

第I部

会社はどうあるべきか

第1章

「会社とは何か」を明らかにする

1

「会社の目的」はそもそも何なのか

利益意識を高める日本企業

会社は何のために存在するのか。

なぜそんな教科書的、観念的で、自明とも思える話から始めるのか訝《いぶか》しく思う人もいるかもしれない。

しかし、私は大真面目である。

「会社はどうあるべきか」を解き明かそうとするならば、「そもそも会社は何のために存在するのか、その目的は何か」という根源的な問いかけからスタートせざるをえない。

「平成28年経済センサス」によれば、日本には約163万もの会社が存在する。トヨタ自動車やパナソニックのような世界に冠たる大企業もあれば、街中の小さな商店や町工場など、さまざまな規模、業種、形態の会社がそれぞれの活動を営んでいる。

それぞれの会社は、いったい何のために存在するのか。

経済学の教科書を読めば、「会社の目的は利益の最大化」と書かれている。

利益の追求が経営において重要であることは誰も否定しない。利益を重視しない、追求しようとしない経営者は、経営者として失格である。

日本には過去、利益意識が低い会社が多かった。時には利益を蔑視する経営者さえいた。優れた技術者を抱えているのに低収益に喘ぐ会社、万年赤字の事業や製品を整理することもなく放置している会社、よい製品さえつくれば利益はあとからついてくると勘違いしている会社など、利益意識の低さが目につく会社が多数存在した。

近年、日本企業、とくに大企業の利益に対する意識は大きく変わりつつある。利益を絶対視する米国的な資本の論理が、日本にも押し寄せている。

また、熾烈なグローバル競争にさらされ、海外の競争相手が日本企業をはるかに凌駕する高収益を上げていることを目の当たりにし、「利益率を高めなければ世界で戦えない」という認識は間違いなく高まっている。

日本企業の「稼ぐ力」は高まったが……

実際、日本企業の「稼ぐ力」は向上している。

『日本経済新聞』の調査によると、東証一部上場企業の自己資本比率（総資産に占める自己資本の割合）は2016年度にはじめて4割を超えた。1982年度には2割そこそこだったのが、この四半世紀で着実に自己資本を充実させてきた(1)。

バブル崩壊やリーマン・ショックに翻弄されながらも、日本企業は利益を稼ぎ、内部に積み上げてきた。上場企業が抱え込む現預金は112兆円と空前の規模になっている。会社の体力は高まり、安定感は増した。

日本企業は利益意識を高め、したたかに利益を蓄えてきた。経営数字的に見れば、それは事実である。

しかし、それでは元気溌剌とした日本企業が増えたかというと、私の感覚ではその実感に乏しい。世界がアッと驚くようなイノベーションが近年日本企業から生まれているかというと、すぐには思いつかない。

このズレはいったい何なのか。

「社会に必要とされる会社」になる

利益意識を高め、「稼ぐ力」を強化することは間違いなく重要である。

しかし、利益の追求を「会社の目的」とすることは適切ではないし、正しくもない。

利益の追求は「目的」ではなく「会社の大前提」である。

利益を上げなければ、さらなる成長、発展のための投資もできず、株主や従業員への還元もできない。営利企業である限り、利益は当然追求すべきものである。

一方、利益の追求だけが独り歩きすると、時に会社は暴走し、制御不能な状態に陥る。

東芝の不正会計の問題は、経営者の私利私欲にもとづく行き過ぎた利益主義が生み出した人災である。

会社は利益に対して「貪欲」でなければならないが、「強欲」になってはいけない。その線引きは簡単ではないが、倫理観の欠如した利益追求は会社を死に至らせる。

神戸大学の加護野忠男名誉教授はこう指摘する。(2)

……………………

不思議なことに利益が目的ではないと言っている経営者ほど、多くの利益を上げている。

……………………

「会社の目的」が利益追求でないとすると、何のために会社は存在するのか。

それは「社会に必要とされる」ためである。会社は社会の中で生きる存在であり、生かされている存在でもある。「この会社は社会のためになくては困る」と多くの人たちに思ってもらえる存在になることが「会社の目的」である。

パナソニックの創業者・松下幸之助は、利益についてこう語っている。(3)

……………………

利益はこの（引用者注＊会社の）社会的使命がどの程度まで実現されているかをはかるバロメーターと考えられている。

……………………

会社が社会に必要とされ、その使命が果たせていれば、利益は自ずと上がる。

逆に、利益が上がらないということは、その会社は社会に必要とされていないということになる。

赤字や低利益に喘ぐ会社は、「世の中に必要とされていない会社」であることの裏返しである。そして、そこから脱却する唯一の方法は、利益を不正に操作することではなく、「社会に必要とされる会社」になることである。

たしかに日本企業の利益水準は近年改善されているが、それは限界を超えるようなコスト圧縮や過度な投資抑制といった要因も大きい。

けっして「社会に必要とされる会社」になったから利益が上がったわけではないのである。

会社の目的は「創造」である

では、「社会に必要とされる会社」になるために、会社は何を為すべきか。

それは「創造」である。

創造こそが「会社の真の目的」だ。利益は創造がもたらす結果である。

それでは、会社は何を創造するのか。それは社会の役に立つ、顧客の役に立つ「価値の創造」である。

たとえば、家電メーカーは自社の技術力を駆使して、生活が豊かで便利になる製品を生み出そうと日々奮闘している。街中の理髪店はヘアカットという技術を使って、顧客が満足するヘアスタイルを提供している。

こうした価値に対して顧客は対価を支払い、その結果、会社は利益を上げることができる。そして、会社は得られた利益に見合う税金を納め、株主や従業員に還元するとともに、価値創造活動に再投資し、新たな価値を生み出そうとする。

「価値の創造」の循環を繰り返すことによって、会社は成長し、社会や人々も豊かになっていく。

社会や顧客の役に立つ価値を創造する――それこそが「会社の目的」なのである。

2 会社が為すべき「価値創造」とは何か

世界中の人が「歓迎」してくれているか

稀代の社会学者、ピーター・F・ドラッカーは「企業の目的」をこう定義している。(4)

…………

企業の目的の定義は一つしかない。それは顧客の創造である。

ドラッカーはなぜ「価値の創造」でなく「顧客の創造」と定義したのか。

それは会社が考える価値と顧客が望む価値は、必ずしも同一とは限らないからである。

会社は供給者の論理に陥りがちだ。

自分たちの都合や基準だけで価値を定め、顧客に押し付けようとする。それでは、たんなる価値の「押し売り」である。

価値は顧客が認めるものでなければならない。価値があるかないか、高いか低いかは顧客が決めるものである。

だから、ドラッカーは「価値を認める顧客を創造する」ことが「会社の目的」であるべきだと主張するのだ。

ホンダの創業者・本田宗一郎は、社内の班長研修でこう語っている。[5]

我々は企業です。企業だから、もうかるからこれはやるんだとか、もうからんからやめるんだとかということでなくて、もっと大事なことは、（中略）世界人が我々の政策をどういうふうに受け取っているか、歓迎してくれているか。（中略）すべての人が歓迎できるようなことを考える。そういう政策を打ち出すことが、世界的視野に立ってということなんです。

本田宗一郎は利益を軽視していたわけではない。利益は大事だが、世界中の人たちが「歓迎」してくれる価値を生み出すことこそが会社の本分なのだと強調したのだ。

さらにいえば、会社は競争環境の中で経営を営んでいる。競争相手も必死になって価値を生み出そうと懸命に努力している。

そうした競争に打ち勝ち、顧客に選択してもらうためには、独自性の高い差別化された価値でなくてはならない。

つまり、「会社の目的」をより厳密に定義すれば、「社会や顧客が認める（歓迎する）独自価値を創造する」ということになる。

会社は、独自価値を創造しつづけなければならない

苦労の末、生み出した独自価値もやがて陳腐化し、独自性は失われる。

事業によって優位性、独自性が保たれる期間に違いはあるが、価値は時とともに必ず目減りしていく。

価値を目減りさせる最大の要因が競争である。生み出した独自価値が成功すればするほど、競争者が参入し、競争は熾烈になる。

それによって市場が拡大するなどのメリットはあるが、競争相手が類似の価値を提供するようになれば、価値は相対的に目減りする。やがて競争相手は力をつけ、こちらが真似できないような独自価値を生み出すようになる。

さらに、既存の競争相手とはまったく異なる価値観、優位性をもつ新規参入者があらわれることもありえる。それによって既存の価値はいっきに消滅するリスクを抱える。

つまり、独自価値の創造に一度成功しただけでは、真の成功とは呼べない。会社が長い期間存続し、発展するには、顧客が認める独自価値を連続的、継続的に創造しつづけなければならないのだ。

華々しく登場しながらも、いつの間にか消えていってしまった会社を、私はいくつも見てきた。時代を捉えた商品やサービスで一時はもてはやされるが、そのあとが続かない。それでは経営とは呼べない。

顧客が認める差別化された独自価値を連続的に創造しつづける。「絶え間なき創造」(relentless value creation) を実現するために、会社はどうあるべきなのか。

これこそが、経営者に課せられた根源的かつ最大の問いかけなのである。

「海図なき戦い、前例のない戦い」の時代

絶え間なき創造——口で言うのは容易《たやす》いが、その実現はとてつもなく大きなチャレンジである。「日本企業の勝ち組」と呼ばれて久しいトヨタ自動車でさえ、いま大きな危機感を抱いている。

豊田章男社長は、自動車業界の現状を「海図なき戦いだ」と表現する。(6)

アルファベット、アップル、アマゾン、テスラなどの新規参入プレイヤーが次々に登場し、自動運転、電気自動車（EV）、コネクテッドカー（つながる車）、シェアリングなどの新たな価値創造を先導している。

ガソリン車やハイブリッド車を大量生産し、顧客の支持を競うというこれまでの「ゲームのルール」が一変し、別次元の戦いに移行しようとしている。約110年前に「T型フォード」が誕生し、移動の主役が馬から自動車に変わったのと同様の大転換期を迎えている。

世界の2大市場である米国と中国で環境規制が強化され、英仏政府が2040年までにガソリン車やディーゼル車の販売を禁止するなど、大気汚染対策の動きも世界中に広がっている。まさに歴史的変曲点である。

新たなゲームにおいて、これまでに築いてきたトヨタ独自の競争優位がこれからも有効である保証はどこにもない。逆に、これまでの成功が大きな足枷にさえなりうる。

これは自動車業界だけに限った話ではない。多くの業界において、既存の価値や秩序を破壊する「ゲーム・チェンジャー」が登場している。

過去の栄光や資産だけを引きずり、安定にしがみつき、変化を拒む会社に未来はないのだ。

3 「会社の本質」は何か

挑戦しなければ創造はできない

新たな独自価値を創造するためには何が必要か。

それは挑戦である。挑戦しなければ、何も新しいものは生まれない。挑戦こそが会社の生命線である。

挑戦とは「困難なことに立ち向かう」ことである。

そのためには、失敗やリスクを恐れず、常に前を見据え、未来に向かって進まなくてはならない。高ぶる感情、高揚感が人を挑戦に駆り立て、やがてその努力の積み重ねが創造に結びつく。

挑戦という気概、行動からしか創造は生まれない。

挑戦しなければ、永遠に創造はできない。会社の成長や利益はそこからもたらされる結果にすぎない。

アマゾン・ドット・コムは創業から2017年までの22年間に、70近い新規事業に挑戦している。そのうちの18は失敗し、撤退している。(7)

しかし、連続的に挑戦し、失敗をすることによって、アマゾンはほかのどの会社よりも多くのことをスピーディに学習し、ほかの事業の成功に結びつけている。

２０１７年には高級スーパーのホールフーズ・マーケットを約１・５兆円で買収した。躍進するネット小売業の雄による実店舗への進出は、産業の垣根を超えた破壊的創造だといわれている。

この未来を切り拓こうとする挑戦心、開拓欲、野心こそが、いまの多くの日本企業に大きく欠落しているものである。

日本企業は「稼ぐ力」を高め、内部留保によって安定性は向上した。しかし、溜め込んだ利益を新たな挑戦、開拓につなげていかなければ、日本企業に未来はない。

東急電鉄の野本弘文社長は『日本経済新聞』のインタビューでこう語っている[8]。

……………………

> サラリーマン経営者には、自分が役員の時だけ見かけの良い業績にしておきたい、という気持ちが芽生えがち。しなければいけない投資や修繕を怠ってしまうリスクがある。

「稼ぐ力」を高めることは目的ではない。それは、あくまでも手段だ。

何のために稼ぐのか。それは挑戦するためである。

私は挑戦こそが会社にとって何よりも大事なものであると信じている。守り一辺倒の攻めを忘れた会社は、魅力がないばかりか、必ず衰退し、いずれ滅びる。会社は「挑戦の場」でなくてはならない。

「やらないリスク」よりも「やるリスク」をとる

会社が「挑戦の場」でなければならないというのは、言い換えれば、会社はリスクをとるために存在するということだ。リスクテークは会社の本分である。

「ギャンブル」と「リスクテーク」は異なる。

会社は何の裏付けも根拠もない「ギャンブル」をしてはならない。「身の丈」を大きく超える無謀な賭けに出てはならないし、会社を破綻に追い込みかねない蛮勇は絶対に振ってはならない。

しかし、一定のリスクをとらなければ、創造を成し遂げることはできない。

挑戦とは「リスクテーク」である。経営者は「やらないリスク」よりも「やるリスク」をとらなければならない。

革新的な価値は、試行錯誤の果てに生まれるものだ。グーグルのエリック・シュミットやジョナサン・ローゼンバーグらはこう語っている(9)。

……………

プロダクト開発はより柔軟で、スピードが求められるプロセスになった。劇的に優れたプロダクトを生み出すのに必要なのは巨大な組織ではなく、数えきれないほどの試行錯誤を繰り返すことだ。

価値創造に、失敗や挫折は付き物である。誰しも、できれば失敗や挫折はしたくない。だから、頭ではわかっていても、挑戦することに腰が引けてしまう。しかし、人は失敗からじつに多くのことを学ぶ。次へとつながる失敗であれば、それは失敗ではない。

本田宗一郎は社内向けの「退陣のごあいさつ」でこう述べている。(10)

大事なのは、新しい大きな仕事の成功のカゲには研究と努力の課程に九十九パーセントの失敗が積み重ねられていることだ。これがわかってくれたからこそ、みんな、がんばり合ってここまできてくれたのだと思う。

数多くのヒット商品を世に送り出している花王の澤田道隆社長も、同様のことを語っている。(11)

決して成功ばかりしてきたわけではないということ。事業でも研究でも、それはそれは沢山の失敗をしてきました。でも失敗してもそこから学び取るからこそ、次の成功がありますす。想いと危機意識を支えているのは、この「挑戦し続ける」ということです。

··················

私たちはとかく成功ばかりに目を向けがちだ。

しかし、その成功に至る長い道程でいったいどんなことがあったのか、私たちが真に着目すべきは「成功の裏側」なのである。

挑戦を「会社の文化」にまで高める

もちろん、日本企業の経営者も、「挑戦」の必要性は頭では理解している。

多くの経営者は、社員に対して「挑戦しろ」と盛んに説くが、そうした掛け声が虚しく聞こえるほど、「挑戦する気風」が社内から消え去っている。

アマゾンのCEOであるジェフ・ベゾスは、起業家精神の衰えを「死を伴う停滞」と呼んでいる。挑戦する積極果敢の精神が失われた時点で、その会社は事実上倒産しているのだ。

挑戦には勇気が必要だ。挑戦とは、勇気を奮うことである。勇者でなければ、挑戦はできない。

「数学のノーベル賞」と呼ばれるフィールズ賞を受賞した世界的な数学者、広中平祐氏

は創造についてこう語っている。(12)

どんなレベルのクリエイションにしろ、とにかくクリエイションをすることには、知識や技術のほかに、もう一つ、勇気というものが必要である。（中略）創造とは勇気のことである。

勇気は「度胸」と言い換えてもいい。

度胸満点の社員がどれほどいるか。会社の未来はそうした人材にかかっている。新しい事業創造に挑む、新たな市場を開拓する、先進的な技術を開発するなど、大きなことに挑むことは立派なことだが、大きな挑戦ばかりが挑戦ではない。日常の中でのちょっとした改善や創意工夫も、価値ある挑戦である。

安定を求める、つまり変化を嫌う日常性の中で、たとえ小さなことでも新たなことに挑戦することは、けっして簡単ではない。

また、小さな挑戦から大きな挑戦のきっかけやヒントが生まれることもよくある。挑戦に大きい、小さいは関係がない。

大事なのは、ごく一部の人だけが挑戦するのではなく、組織に属するすべての人たちが挑戦する気概、勇気をもち、行動することである。

これを実現するのはとても難しいが、挑戦を「会社の文化」にまで高めなくては、「生きている会社」にはなれないのだ。

経営とは実践である

創造に成功している会社は、何より実践を重視している。

事前に分析をしたり、プランを立てることは必要だが、そこに過度な時間やエネルギーを割くことはしない。ある程度の議論、準備をしたら「まずはとにかくやってみる」という実践主義を大事にしている。

新しいもの、未知なるものへの挑戦は、とかく慎重になりがちだ。

しかし、どれほど用意周到に準備したところで、事前にわかることなど限られている。逆に、予知できるものが多いならば、それは「挑戦」と呼ぶには値しない。

自ら実践にこだわりつづけた本田宗一郎は、こう語っている。[13]

……………………

人生は見たり、聞いたり、試したりの3つの知恵でまとまっているが、多くの人は〝試したり〟をほとんどしない。ありふれたことだが失敗と成功は裏腹になっている。みんな失敗を恐れるから成功のチャンスも少ない。やってみもせんで。

私は「経営とは実践だ」と信じている。「机上の空論」であれば、誰でもなんとでも言えるからだ。

しかし現実には、見てくれだけよい企画書や理路整然とした計画書をつくるのは得意だが、自分の手は汚さず、汗をかかない小賢しいビジネスパーソンが増えている。そのことに私は大きな危機感を覚える。

「やってみなくては何もわからない」「とりあえずやってみよう」という実践重視の姿勢こそが、挑戦を促し、創造を生み出すことをけっして忘れてはならない。

「挑戦―実践―創造」こそが会社の本質

これまで「会社の目的」について論じてきた。「何を滔々《とうとう》と当たり前の理想論、観念論ばかりを語っているのか」と思うかもしれない。

しかし、創造という目的のために、社員たちが新しいことに目を輝かせて挑戦し、具体的なアクションを日々実践していると自信をもっていえる経営者が、いまの日本にどれほどいるだろうか。

新たな価値の創造よりも、短期的な利益の確保に追われる。挑戦することよりも、無難でリスクのない選択肢を選ぶ。実践することよりも、過剰な分析や現実感の乏しい計画づくりに時間を割き、管理強化に重きを置く。

「会社の目的、本分」を忘れ、「会社の本質」から大きく外れたことに多大なエネルギーと労力を割いている会社は確実に増えている。

ソニーの創業者のひとりである盛田昭夫は、「会社の本質」についてこう語っている。[14]

本質は変えてはならないのであり、変えるべきところと変えてはならないところをはっきり認識しなければならない。革新という美名のもとに、せっかくの大事な本質を失うことがある。

………………………

「挑戦―実践―創造」。

会社が為すべきことは、この3つの言葉に集約される。

理想主義だと切り捨てることは簡単だが、私たちにいま最も欠けているのは、その理想なのである。

「挑戦―実践―創造」という一見陳腐な言葉に「会社の本質」があることを、いまこそ私たちは思い返さなくてはならない。

第2章

創造的新陳代謝

1 会社が内包する「自己矛盾」

会社は老化する

「絶え間なき創造」つまり独自価値を創造しつづけることこそが、「会社の目的」である。

しかし、その実現が容易ではないことは誰もが知っている。

一度は創造に成功しても、多くの場合、それが続かない。「一度きりの創造」と「絶え間なき創造」はまったく異なる。

なぜ「創造しつづける」ことは、それほど難しいのか。

それは、会社は「老いる」からである。

会社は誕生するときに最も生気、活気に充ち溢れている。何かを創造するために会社は誕生するのだから、会社と創造は同義である。

経営者だけでなく、社員たちも創造するために参集し、創造のために奔走する。会社全体に創造するエネルギーと喜びが充ち溢れている。

しかし、会社は時とともに老化する。

立ち上げ時の熱気や情熱はしだいに失われ、創造よりも管理に軸足が移っていく。ドラ

ッカーはこう指摘する。(1)

イノベーションを行おうとしない企業は歳をとり衰弱していく。特に今日のように急激な変化の時代、企業家の時代にあっては、衰弱のスピードは急速である。ひとたび後ろ向きになれば向きを戻すことは至難である。

老化こそが、「生きている会社」でありつづけるための最大の敵なのだ。

「安住」と「傲慢」という老廃物が、会社に溜まっていく

会社の老化の原因はいくつもあげられるが、最大の要素のひとつは「安住」という老廃物である。

成功を積めば積むほど、この老廃物は溜まる。これこそが老化の真因である。逆にいえば、「安住」さえなければ、会社は老化することはない。

「現状維持でいい」「無理にストレッチすることはない」「あえてリスクに挑戦しなくても、なんとかなる」「自分がやらなくても、誰かがやってくれる」……。こうした老廃物が会社の変革を阻害し、徐々に内から腐っていく。

そして、「安住」の裏には「傲慢」という、よりたちの悪い老廃物が潜んでいる。「うち

の会社が潰れるはずがない」「会社は永遠に続く」という慢心と驕り、危機感のなさが、アクションを鈍重なものにする。

超優良企業として名を馳せた米国のコダックは、2012年に破産法を申請し、破綻した。

「あのコダックが……」と世界中を驚かせ、コダックの破綻をさまざまなメディアが取り上げた。ある雑誌では「侵食」(erosion)という言葉を使った。

侵食とは水や風などの外的な力によって岩石や土壌が少しずつ削り取られ、やがていっきに崩れ落ちることを指す。

コダックの経営陣も何も手を打っていなかったわけではないが、老廃物が溜まり、鈍感、鈍重になった会社は侵食、崩壊を止めることはできなかった。

日本にも同様の事例はいくつもある。そのひとつはカネボウだろう。

1887年に創設された名門企業は、繊維業からスタートし、多角化を推進し、ペンタゴン経営で有名になった。

しかし、ワンマン経営者の君臨、長年赤字が続いた繊維事業からの撤退の遅れ、事業間の厚い壁、前例主義、事なかれ主義の蔓延などが要因となり、凋落していった。

結局、2004年に3553億円の債務超過に陥り、その後、粉飾決算も判明し、名門企業は事実上倒産、解体された。「潰れるはずがない」と誰もが思い込んでいた会社が消え失せてしまったのだ。

どの会社でも「安住」「傲慢」という老廃物は溜まりうる。そして、気がついたころには、にっちもさっちもいかない状況に追い込まれてしまっているのである。

経営は「老化との闘い」である

「生き物」である会社が衰弱したり老化するのは、ある意味で当然のことである。だからこそ、偉大な業績を残した経営者たちは「老化の恐ろしさ」を認識し、適切に手を打っている。たとえば、ヤマト運輸の中興の祖である小倉昌男は、成長途上のヤマトの状況を次のように指摘した(2)。

ヤマトの現状は、図体は大きいが、内部を見るとあちこち腐りかけていて、老化現象が著しいといわざるを得ない。だから刷新しなければならないのである。

成功すればするほど、世に言う「大企業病」が組織内に蔓延し、新たな創造に向かうエネルギーは枯渇していく。

いつの間にかリスクをとりにいく挑戦心や開拓欲は影を潜め、現状維持に慣らされていく。「現状維持は衰退」であることは頭ではわかっているが、誰も行動を起こそうとしない。

会社は「価値を創造しつづけなければならないのに、老化していく」という自己矛盾を内包している。
目的と実体の矛盾——。経営は「老化との闘い」なのだ。

2 新陳代謝しなければ、創造はできない

いかに「デーワン」の活力を保つか

躍進する米国西海岸の会社は、「老化の怖さ」をよく認識している。アマゾンのベゾスCEOは、株主に宛てた手紙にこう綴った。(3)

大組織の内部に、どうデーワン(1日目)の活力を保つか。

……………

この言葉の意味はとてつもなく重く、深い。
「生きている会社」でありつづけるための核心がここにある。
アマゾンも創業から20年以上が経過している。だからこそ、老化に抗い、「デーワン」

のフレッシュさを保とうと、必死に努力している。

ベゾスにとって「デーツー」(2日目)の会社は「死んでいる会社」である。創業当初の初々しい野心や桁違いのエネルギーが徐々に薄れていき、いつの間にか守りに入ってしまう。「デーワン」でありつづけなければ、会社は間違いなく老化し、やがて死が確実に訪れる。「デーツー」企業の衰退と落日を、ベゾスはよく知っている。

もちろん「デーツー」の怖さを知っているのは、ベゾスだけではない。トヨタ自動車の豊田章男社長は、新興の電気自動車(EV)メーカー・テスラを例にあげ、こう語っている。(4)

……テスラのチャレンジ精神を学びたい。トヨタも数十年前はベンチャーだった。

多くの会社が停滞期を迎えると、「第2の創業」などと打ち出し、社員たちを鼓舞し、「生きている会社」に戻ろうとする。

しかし、上っ面のスローガンを掲げるだけでは、老化を止めたり、老化から再生することはできないのだ。

「生きている会社」は「代謝戦略」に長けている

立ち上げたばかりのスタートアップ企業は、創造だけに専念できる。

図表2◆1　創造的新陳代謝

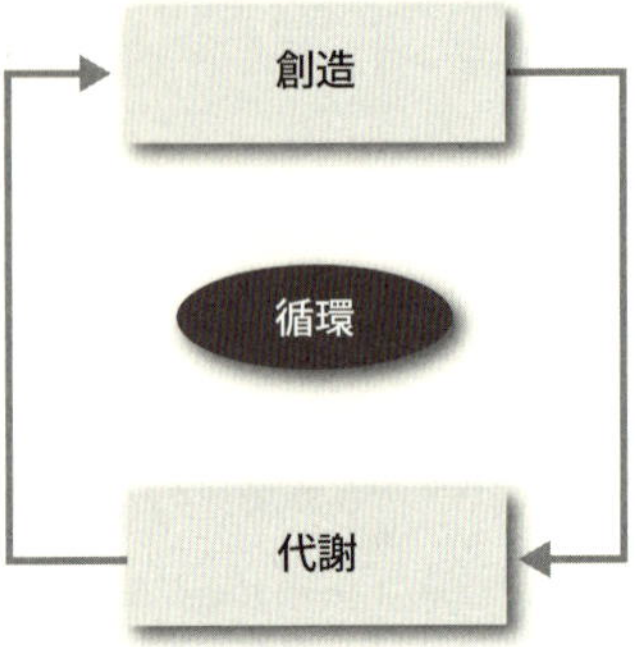

「デーワン」企業には実績も名声も資産もないが、老廃物やムダな贅肉もない。挑戦し、創造するためだけに、彼らは存在する。

「無」とは大いなる可能性である。「無」とは輝く未来である。「無」ほど魅力的なものはない。

一方、創業から時が経ち、会社がそれなりの成功を収め、規模も大きくなると、そういうわけにはいかなくなる。老廃物や贅肉の溜まった巨体を維持することに汲々《きゅうきゅう》とし、創造どころではなくなる。

しかし、会社は人間と異なり、きちっとしたメンテナンスを行えば、永続することは可能だ。その鍵となるのが「新陳代謝」である。

新陳代謝とは「古いものが新しいものに次々と入れ替わる」ことである。

老廃物を適切に処理し、新たな栄養分を取り込み、贅肉を削ることができれば、会社は「生きている」状態でありつづけられる。

会社が創造を継続的に行うためには、新陳代謝が不可欠である。それを私は「創造的新陳代謝」(creative turnover)と呼ぶ［図表2◆1］。

「会社の目的」は創造だが、じつはその成否の鍵は、創造がうまいか下手かではなく、新陳代謝がうまいか下手かにかかっている。

「生きている会社」は「創造戦略」だけでなく「代謝戦略」を明確にし、新陳代謝を適時、適切に行っている。新しいものを生み出すだけが戦略ではないことをしっかりと認識している。

一方、「死んでいる会社」は代謝戦略の重要性を十分には認識しておらず、新陳代謝が滞っている。

追い詰められてからやむをえず代謝に手をつけたり、代謝をするにしてもスピード感がなく、小出しになってしまっている。その結果、代謝にかかるコストも大きく膨れてしまう。「死んでいる会社」は、創造と代謝がコインの裏表の関係であることがわかっていないのだ。

▼
▼
▼

新陳代謝とは「捨てる」「やめる」「入れ替える」こと

経営における新陳代謝とは、具体的にどのようなことを意味するのだろうか。

それは次の3つのアクションを意味している。

❶捨てる

たとえば、優位性を失い、赤字もしくは低収益に陥り、再生の可能性が見込めない事業や商品、サービスから撤退する。

❷やめる

たとえば、価値を生み出さないムダな業務やプロセスを削り、役割を終えて意味のなくなった組織を廃止する。

❸入れ替える

たとえば、過去の成功体験から脱却できず、未来に向けての挑戦に逡巡する経営陣や幹部たちを交代させる。

古いからすべてが悪いというわけではない。古いからこそ価値のあるものもある。また、赤字だからといって、すべてがダメなわけではない。未来を予感させる健全な赤字は、むしろ会社にとって必要なものだ。

問題は、「古さ」や「目先の収益」ではなく、「凡庸さ」である。

事業であれ、業務であれ、組織であれ、経営者であれ、陳腐化し、凡庸、無価値になったものを残しておくのは、会社にとってまったく合理的ではない。それを放置しておけば、会社を消滅させるリスクにもなってしまう。

真に「生きている会社」とは、「挑戦―実践―創造―代謝」という循環が回りつづけ、常に「デーワン」の状態を保っている会社である。

新陳代謝こそが会社の老化を防ぎ、「生きている会社」でありつづけるための絶対的な鍵なのである。

ミニ事例❶

「何を捨てるか」を最初に考え、再生に成功したコマツ(5)

経営を成功に導いた名経営者の多くは、「何を捨てるか」を合理的、戦略的に考え、実行している。

たとえば、コマツを赤字から再生させ、世界屈指の建機メーカーへと復活させた坂根正弘社長(当時)は、常に「何を捨てるか」を最初に考えた。当時のコマツには、老廃物や贅肉が溜まっていたからだ。

毎年400億円近い赤字を出していた子会社の不採算事業を整理統合し、300社あった子会社を1年半で110社減らした。半導体のシリコンウエハーを手掛けていた子会社を売却するなど、ノンコア事業の整理も断行した。

コア事業である建機においても、「捨てる」戦略を徹底した。

国内市場が縮小する中で、1台でも多く売りたくて品揃えしていた特殊な仕様車を半減させた。

その一方で、自信をもって販売できる「ダントツ商品」の開発に力を入れた。その際も、ライバルに負けてもいいところ、ライバルと同等でいいところをあらかじめ決めておくことを徹底した。

それまでのコマツの商品開発は「平均点主義」がまかり通り、独自性のある商品が少なかった。しかし、「平均点主義」からは凡庸なものしか生まれない。

そこで、「どこを犠牲にしていいのか」をトップダウンであらかじめ明確にした。「あらかじめ」という点が鍵である。現場だけではなかなか「捨てる」という決断はできないからだ。

経営トップが直接関与し、「捨てるところ」「犠牲にするところ」を経営の意思として明確にする。そして、そこから生まれてくるリソースを、強みをさらに磨くために投入したのだ。

「捨てる」「やめる」「削る」「あきらめる」「犠牲にする」などの代謝戦略を明確に打ち出し、断行したからこそ、コマツは見違えるほど逞しい会社になったのである。

3 なぜ「会社は老いる」のか①――官僚主義の台頭

「デーワン」にこだわる理由

代謝戦略の具体的内容に言及する前に、そもそも会社が老化する理由をもう少し掘り下げて考えてみたい。

より深く考えると、会社の老廃物は次の2つの要素からもたらされることがわかる。

❶官僚主義の台頭

会社が発展、成長する過程において、管理する仕事が社内で増殖する。そして、いつの間にか創造よりも管理が力をもつようになる。

形式主義、前例踏襲主義がはびこり、社員たちの士気と生産性を徐々に蝕んでいく。

❷成功の復讐

会社にとって成功体験は大切だが、負の側面も否定できない。

大きな成功であればあるほど、その成功体験を否定することができず、会社全体が思考停止状態に陥ってしまう。

ベゾスはなぜ「デーワン」にこだわるのか。それは、「デーワン」の会社には、官僚主義のかけらも、後述する「成功の復讐」のもとになる成功体験もないからである。

この2つさえなければ、会社は常にフレッシュで、「生きている」状態でいられると、ベゾスは考えているのだ。

「デーワン」こそが、「生きている会社」の象徴なのである。

管理部門が肥大化すると、官僚主義が蔓延する

まず最初に「官僚主義の台頭」について考えてみよう。

会社は、成長とともに「管理」という機能が必要となってくる。

創業時には会社の規模も小さく、気心知れた仲間たちだけで経営をしているのだから、コミュニケーションも容易である。

しかし、会社が成長軌道に乗りはじめると、会社の運営上さまざまな管理業務が必要になってくる。そうした管理業務を遂行するために、管理機能を司る管理部門ができる。

そして、それがいつの間にか肥大化し、いろいろと「悪さ」をするようになる。小倉昌男はこう指摘する。[6]

事業が発展するにつれ会社は大きくなる。しかし間接部門、特に管理部門は、事業の発展とは関係なく年々増大することは、どの会社にも共通して見られる現象である。

管理部門の肥大化は、コスト増につながるだけでなく、形式重視、前例踏襲など「官僚主義の蔓延」というより深刻な病につながるリスクを内包している。

一橋大学の野中郁次郎名誉教授は、それを「オーバー・アナリシス」「オーバー・プランニング」「オーバー・コンプライアンス」と指摘する。(7)

経営には分析、計画、法令遵守が必要なことは言うまでもないが、それら自体が目的化し、「過剰」(オーバー)なレベルにまで至ってしまうのだ。

「見える化」しすぎると、ろくなことはない

管理という仕事には「歯止め」がない。精緻にやろうと思えば、いくらでも細分化し、緻密化することができる。

それは経営者には一見好ましく見える。全体が「見える」ようになれば、安心感は増すからだ。

しかしその結果、管理機能、管理業務が自己増殖し、過剰管理につながっていく。

精緻に分析し、細かく管理すればするほど、さまざまな事象が見えてくる。それ自体が

悪いことではないが、本来なら気にかける必要がないような瑣末なことまで議論の俎上に載せられ、手を打たなければならなくなる。

「見える化」の取り組みを全社的に進めてきたある会社の幹部は、自嘲気味に私にこう呟いた。

「見える化」しすぎるとろくなことはない。

『見える化』という本の著者である私にとっては、一見皮肉な言葉のように聞こえるが、じつは私も同様の危惧を感じている。「見える化」という言葉だけが独り歩きし、「管理強化の道具」として使われている例がきわめて多いからだ。

経営において「見える化」は重要である。とくに、現場レベルでの問題事象を早く突き止め、対策を講じ、問題解決を加速するためには、「見える化」が欠かせない。そもそも、「見える化」は「現場力」を強化するために生まれたものだ。

しかし、「管理の見える化」が行き過ぎると、管理強化、過剰管理が生まれてしまう。そして、それは現場の大きな負担となり、士気を萎えさせてしまう。

どんなに管理を強化しようが、すべての状況が「見える」ようにはならないし、「見える」必要もない。

管理を緻密化することが、経営をコントロールしていることにはならないことを忘れてはならない。

過剰管理の下では、誰もリスクをとらなくなる

過剰管理の弊害は、生産性だけの話ではない。より深刻なのは、リスクテークへの逡巡である。

トム・ピーターズとロバート・ウォータマンは『エクセレント・カンパニー』の中でこう指摘する。(8)

私たちが異論を唱えたいのは、方向を誤った分析、複雑すぎて実用にならない分析、厳密すぎて扱いにくく柔軟性のない分析、本質的に予知不可能な（とくに時期が不適当な場合）分析（中略）そしてことに、現場から離れた管理者が現場に対して、管理中心の考え方で展開した分析等々である。

管理が強くなると、すべてのリスクを粗探ししようとする。リスク分析、リスク管理が経営に必要であることは認めるが、あらかじめすべてのリスクを見通すことはできない。

経営の本質はリスクテークなのだから、「やってみなければわからないこと」「やってみたからこそわかること」が山ほどある。本来ならとるべき合理的なリスクをとらないこと

は、きわめて不合理である。

大事なのは、「やらない理由」「やれない理由」を山ほどあげることではなく、「どうしたらできるか」を考えることである。

過剰管理、過剰分析は社員たちの気持ちを萎縮させ、チャレンジする気持ちを萎えさせる。それを放置したままでは、何か新しいものが生まれるはずもない。

「管理―抑制―停滞―閉塞」というネガティブサイクル

前述したように、会社の基軸は「挑戦―実践―創造―代謝」である。「生きている会社」であるためには、この基軸が会社のど真ん中になくてはならない［図表2◆2］。

しかし、会社が大きくなると、いつの間にか「別の軸」が社内にはびこってくる。それは「管理―抑制―停滞―閉塞」という軸である［図表2◆3］。

経営において適切な管理は必要だが、「管理は可能な限り、小さいほうが望ましい」ということを忘れてはならない。

管理が強くなりすぎると、挑戦を抑制し、実践ではなく停滞を招き、会社は閉塞してしまう。その結果、創造が起きなくなる。

松下幸之助の意向で平取締役から24人の先輩を飛び越え、松下電器産業（現パナソニック）

図表2◆2　「生きている会社」の循環

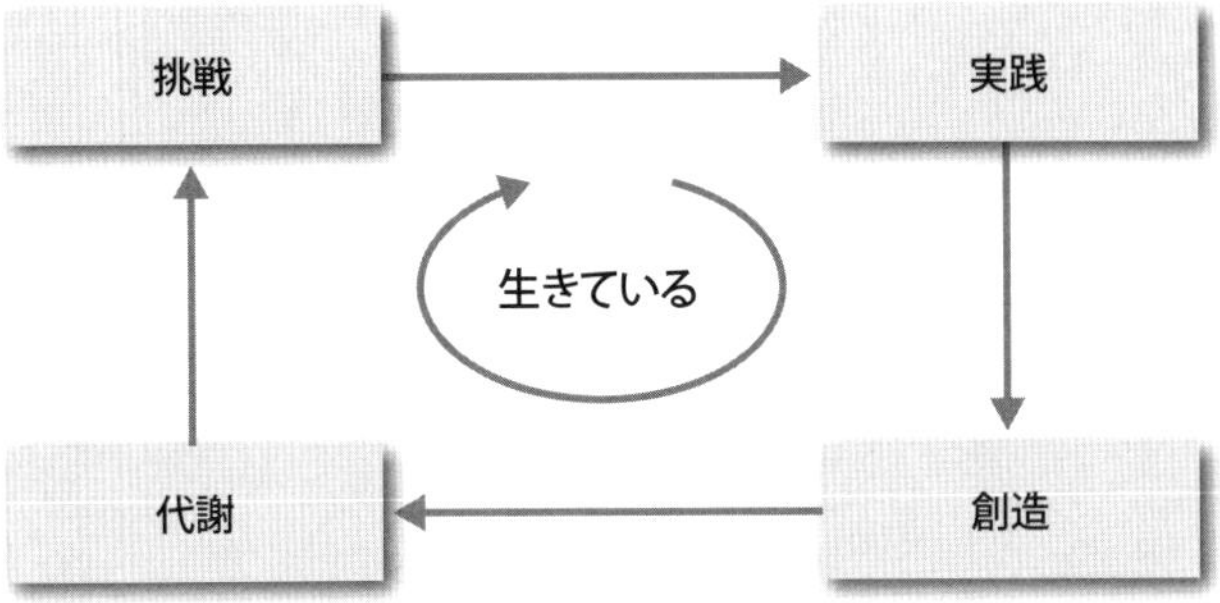

図表2◆3　「死んでいる会社」の循環

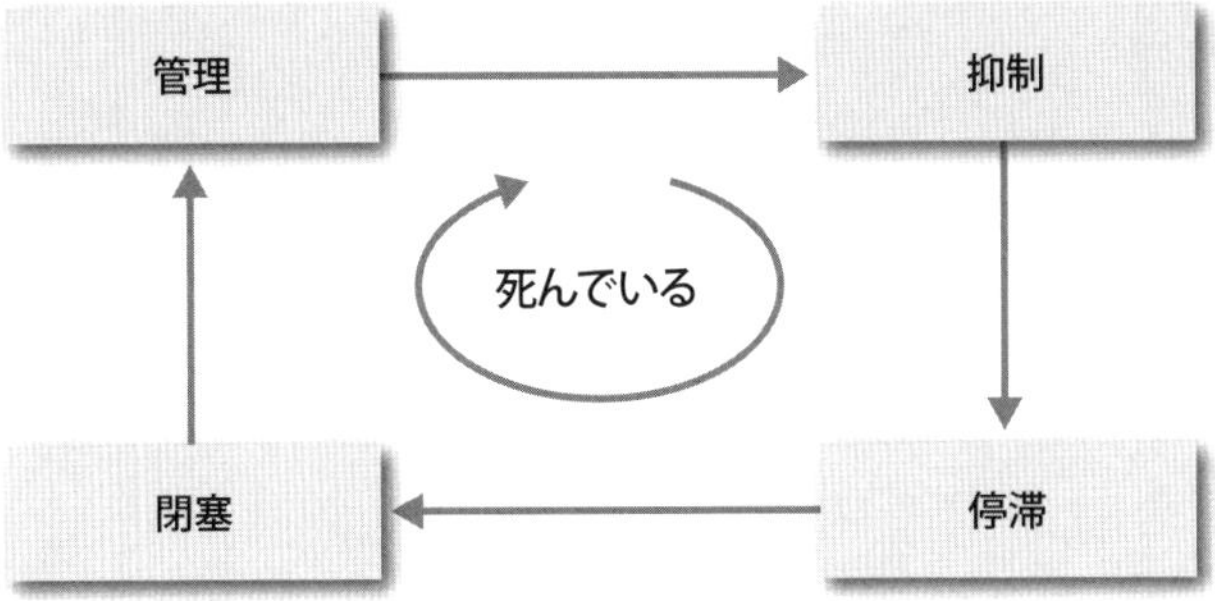

の社長に抜擢された山下俊彦はこう語っている。

本社なんかないほうがいいんだよ。

……………

山下は、巨大化し官僚化が進んだ松下電器の改革に取り組んだ。

「一銭の稼ぎにもならない紙の上の仕事しかしていないのに、現場に偉そうに口出しをする」本社の管理部門などいらないと彼は指摘したのだ。

企業家精神を毀損する官僚主義が組織内にはびこり、「管理―抑制―停滞―閉塞」というネガティブサイクルが社内に巣食うようになる。

これこそが「老化」の元凶なのである。

何のために「ブレーキ」はあるのか

会社が発展、成長するための原動力はアクセルだが、その一方でブレーキも必要である。ブレーキがあるからこそ、アクセルをふかすことができる。

小倉昌男は北海道の雪道でブレーキを踏むとスリップするので、どの車もブレーキを踏まずにのろのろ走る様子を見て、こう気づいた。(9)

自動車が速く走るためにはブレーキが必要だということを、痛感したのである。自動車はブレーキを踏めばいつでも止まれるとわかっているから、スピードを出すことができるのであって、ブレーキのない車には、誰も怖くて乗れないだろう。

……………………

自動車はあくまでも移動するための手段であり、前に進まなければ車としての価値はない。

ブレーキはいつでも止まれるために用意されているものであり、アクセルを踏むのを躊躇し、ブレーキを踏みっ放しでは、永遠に目的地には到達しない。

会社も同様である。経営においても管理は必要だが、それが挑戦を妨げてはならない。会社にはブレーキが必要だが、それはあくまでアクセルがきちんと踏まれていることが大前提である。

性能の高いブレーキを用意しながらも、アクセル全開で前に進まなければ、「生きている会社」にはなりえないのだ。

4 なぜ「会社は老いる」のか②——成功の復讐

成功体験が思考停止をもたらす

老化の2つめの要因は、「自らの成功が原因となり、老化が進む」という現象である。

じつは、成功した会社ほど、病にかかりやすい。自らの成功体験を引きずり、自らを否定することができないからだ。

過去に拘泥し、「新しいことに挑戦する」という会社の本分を忘れ、いつの間にか「現状を維持さえすれば、なんとかなるだろう」と考えるようになる。

「挑戦―実践―創造―代謝」という会社の基軸がぐらつき、挑戦の気風が消えてしまう。

トヨタ自動車の大改革を牽引する豊田章男社長はこう吐露する。[10]

何かをやめる、何かを変えるという決断が必要になってくる。しかし、成功した会社が何かをやめるということには、なかなか苦労している。

成功が「安住」「傲慢」という老廃物を生み出し、現状否定、自己否定ができなくなってしまう。変えることによって失うものばかりを気にして、思考が後ろ向きになり、やがて思考停止に陥る。

こうした状況を、「成功の復讐」と呼ぶ。成功によって会社が機能不全に陥り、自らの成功に復讐されてしまうのだ。

「持たざる者」が「持つ者」を駆逐する

ハーバード・ビジネス・スクールのクレイトン・クリステンセンは、1997年に「イノベーションのジレンマ」という理論を打ち出し、大きな注目を集めた。これはイノベーション分野における「成功の復讐」を意味している。

大企業にとって、新興の事業や技術はまだまだ小さく、確立されていないので、魅力に乏しく見える。また、既存事業とのカニバリズムが起きるリスクもあるため、取り組みが及び腰になってしまう。

その結果、従来製品の改良を進める「持続的イノベーション」のみに陥ってしまい、従来製品の考え方を根本から否定してまったく新しい価値を生み出す「破壊的イノベーション」を軽視する傾向がある。

その間に、新興企業が既存技術を組み合わせることによって新たな価値を創造することに成功し、既存の価値を駆逐していく。

大企業は最先端の高度な技術を有し、さらには経営資源も潤沢である。豊富な経験や実績があり、優秀な人材もいる。にもかかわらず、技術的にも資源的にも大きく劣る新興企業の前に敗れてしまう。

「持たざる者」が「持つ者」を駆逐するのだ。

どれほど技術力や資源に恵まれていても、老化が進行する「死んでいる会社」は、リスクを恐れない新興の「生きている会社」には勝てないのである。

▼▼▼

「建設的対立」が起きないのは、老化の兆候

そもそも、新しいものは衝突から生まれる。

異なる意見、異なるアイデアを建設的、前向きにぶつけ合い、その衝突、軋轢、摩擦、混沌から革新的な閃きが生まれる。創造には「建設的対立」が不可欠である。

ホンダは本田宗一郎と藤澤武夫という二人の偉大な経営者によって「世界のホンダ」へと飛躍した。二人のタイプはまるで正反対で、時には喧嘩も辞さず、本音でぶつかり合った。本田はこう述懐する。(11)

……………

私と藤澤の二人の間でも当然、意見の衝突や見解の対立はあった。そんなときには白熱の討論が展開する。しかし、これはケンカという感情のキレツではない。情熱を

………傾けてお互いの考えをただしあうのだ。いうならば理解への努力だ。

創造のためには「建設的対立」が必要なことはみんな頭ではわかっている。しかし、成功体験を積んだ会社ほど発想やアプローチが同質化し、「建設的対立」が起こりにくい。金太郎飴のようにみんながワンパターン化し、小さなコップの中での議論に終始しがちである。

「生きている会社」の会議は、議論が活発だ。たんに自説を述べるだけでなく、他人の異なる意見や考えに耳を傾け、理解しようと努力する。熱く議論はするが、頭の中は冷静である。

私は「すぐにまとまる会議が増えはじめたら要注意」だと思っている。だから、社外取締役として出席する会議では、あえて議論を誘発し、引っ掻き回すような意見を意図的に述べることも多い。事なかれ主義が生まれ、「建設的対立」が起きないことは、間違いなく老化の兆候だからだ。

会社は成功するために存在し、社員たちは懸命に努力する。しかし、成功はすでに過去の出来事である。

過去の成功は、未来を保証しないばかりか、新たな創造を大きく阻害するのだ。

5 経営とは「引き算」である

何かを捨てなければ、新しいものは得られない

何も手をつけなければ、会社は間違いなく老化する。人間同様、加齢とともにやせ衰え、老廃物が溜まり、やがて死に至る。

「生きている会社」でありつづけるためには、新陳代謝が不可欠である。逆にいえば、適切な新陳代謝ができれば、会社はいつまでも「生きている会社」でありつづけることができる。

成長、発展のためには、新規事業、新商品、新たな人材、新たな制度、新たなシステムなど、「足し算」ばかりを指向しがちである。

しかし、新たなものを加えたり、新たなものに変わるためには、いらなくなったものや凡庸になったものを整理したり、捨てることが不可欠である。

新陳代謝とは、「引き算」である。

意味のないもの、価値のなくなったものを、会社から一掃する。何かを捨てなければ、新しいものを生み出すことはできない。

「引き算」には痛みとコストが伴うが、それを戦略的に行うのがトップマネジメントの重要な仕事なのである。

「事業」「業務」「組織」「人」の4つを新陳代謝する

では、「生きている会社」でありつづけるためには、何を新陳代謝すればいいのか。その対象となるのは「事業」「業務」「組織」「人」の4つである。

❶事業

いま当たり前のように営んでいる事業は、未来においても営むべき事業なのだろうか。いま提供している製品やサービスはこれからも本当にすべて必要なのだろうか。

❷業務

過去から同じように続けている仕事は、このまま続けていていいのだろうか。不要な仕事、価値のない仕事はないのだろうか。

❸組織

いまの組織のあり方は、最適なのだろうか。いま存在する部門や部署は、本当に必要なのだろうか。廃止したり、統合したりする必要はないのだろうか。

❹人

いまいる人たちではたして未来を創造することはできるのだろうか。未来を担うべき若い世代にタイムリーなバトンタッチができているのだろうか。

会社はいらないものだらけだ。常に身軽でいるように全員が心がけなければならない。「当たり前」だと思っていることに対して、あえて否定的な問いかけをし、思い切ってメスを入れる。明確な意思がなければ、「引き算」はできない。

会社という「生命体」は、新陳代謝を繰り返すことによってのみ活性化し、「生きている」状態を保つことができるのである。

事業や組織、業務にメスを入れ、構造改革を進めるＬＩＸＩＬの事例を見てみたい。(12)

【ミニ事例❷】

大胆に新陳代謝を進めるＬＩＸＩＬ

新陳代謝とは何かがわかる具体例が、ＬＩＸＩＬグループの取り組みである。

２０１６年に就任した瀬戸欣哉社長は、それまでのＭ＆Ａによる拡大路線を大きく軌道修正し、大胆に新陳代謝を進めた。「統合効果を十分に発揮する前に、次に次にと進んでしまって不具合が出ていました」と瀬戸社長は語っている。

最初に行ったのが、事業の整理である。

国内の住宅建材会社や中国のドア製造会社の売却に続き、イタリアの建材会社・ペルマスティリーザ社も売却した。事業内容や経営の仕方があまりにも異なり、相乗効果が見込めないのが理由だった。

とはいえ、この会社は創業家が主導した大型買収案件であり、売却によって１００億円強の損失が発生するのもわかっていた。

それでも、瀬戸社長は売却を決断した。この決断は「改革には聖域がないのだ」ということを社内外に知らしめることにつながった。

瀬戸社長の進める新陳代謝は、事業だけではない。

組織やポストについても、「なんでこんな部門があるのか」「なんでここに重役がいるのか」という視点で抜本的に見直し、１１４人いた役員を53人に減らした。

さらには、「発表するだけの会議」や「会議のための資料づくり」はやめて、時間を30分以内にした。こうした連続的な新陳代謝は、社員たちの意識やマインドを大きく変えた。

その結果、２０１７年3月期には過去最高益を上げ、短期間でV字回復に成功したのである。

こうした一連の思い切った代謝戦略こそが、じつは創造戦略の入り口である。

「代謝こそが創造への道」であることを肝に銘じなければならない。

6 「事業の新陳代謝」をどう進めるか

事業には「寿命」がある

会社は事業を営んでいる。事業活動を通して、価値を創造し、利益を生み出している。

事業には「寿命」がある。比較的寿命の長い事業もあれば、短命で終わる事業もある。

自動車はフォードがT型フォードを世に出して以来、100年以上続く事業である。その間にさまざまな技術革新が行われ、自動車の性能や品質は大きく進歩したが、内燃機関を用いた移動手段としての自動車という事業の本質は変わっていない。

一方、近年進歩が目覚ましいICTやデジタルの分野では、次々に新規事業が生まれるが、すぐに消えてなくなることも珍しくない。事業によって寿命の長さは大きく異なる。

経営者の最大の仕事のひとつは、事業のライフサイクルマネジメントである。営んでいる事業の寿命を読み解き、戦略的に事業の「入れ替え」を行い、事業のポートフォリオを常に最適な状態に保たなければならない。

マイクロソフトは事業の大胆な「入れ替え」で息を吹き返した。[13] OS（オペレーティングシステム）と呼ばれる基本ソフトで業界標準を握り、ソフトを売りまくって成長してきた同社だが、その成功体験から脱却できずにいた。

2014年に就任したサティア・ナデラCEOは、クラウド事業へのシフトを宣言し、「パソコンソフトを売る会社」からの変身を牽引している。

「モバイル分野での出遅れ」という現実を受け入れ、OSを一部無料にしたり、宿敵だったアップルやグーグルのOSに対応するソフトも用意した。日本マイクロソフトの平野拓也社長は「タブーと思われたことをトップが自ら実践し、社員の気持ちが変わった」と語っている。

同社の株式時価総額は2012年には9位まで落ちたが、現在は3位にまで上昇した。事業の大胆な「入れ替え」で、マイクロソフトは息を吹き返したのである。

数十年先を見据える

事業の「入れ替え」には時間がかかる。

たとえM&Aを駆使したとしても、事業を安定化させ、収益源に育てるには相応の時間が必要だ。中長期的な視点で、戦略的に事業の新陳代謝を行うことが必要である。

ゼネラル・エレクトリック（GE）は1892年の創業以来、事業を大胆に入れ替え、経営危機を何度も乗り越えてきた。1981年にCEOに就任したジャック・ウェルチは各産業分野でシェアが1位か2位であることをビジネス存続の条件として打ち出した。

ジャック・ウェルチの後任としてCEOに就任したジェフリー・イメルトは、「世界最高のインフラストラクチャー企業」をめざし、工業部門の拡充および金融部門の縮小、非中核部門の分離・売却を進めてきた。たとえば、大きな利益を上げていた保険事業をスイス再保険へ、メディア&エンターテインメント事業をNBCユニバーサルへ売却した。

ドイツのシーメンスも2000年代後半以降、情報通信や自動車部品、原子力発電などの事業から撤退し、「再生可能を中心とするエネルギー」「製造業や社会のデギタリジオン（デジタル化、IoT）」に軸足を置き換えている。

GEやシーメンスなどの世界に冠たるエクセレント・カンパニーは、常にメガトレンドを読み解き、数十年先を見据えた長期ビジョンを土台にし、事業のポートフォリオを戦略的に入れ替えている。

未来を見据えた理想像を掲げ、「事業の新陳代謝」を進める

マッキンゼーなどが2016年に設立したNPO「FCLT（Focusing Capital on the

Long Term）グローバル」は、米国の上場グローバル企業615社を対象に調査を行った[14]。それによると、長期志向の会社が増やした売上高は、1社平均100億ドル（約1・1兆円）を超え、短期志向の会社を47％上回った。同様に、利益の平均も長期志向の会社が36％も多かった。

一方、長期志向を大事にしてきたはずの日本企業の多くは、近視眼的な経営に陥っている。いつの間にか目先の利益ばかりを気にするようになっている。

中長期のトレンドを読み解き、それをもとに理想像（ありたい姿・あるべき姿）を掲げることをせずに、3〜5年程度の中期計画を立てるくらいでお茶を濁している。事業の延命ばかりに終始し、ダイナミックな事業の「入れ替え」に手がついていない。

「事業の新陳代謝」は、たんに事業の収益性や成長性だけで判断し、進めるべきものではない。

大局的に世界を見通し、未来を見据えた理想像を掲げるからこそ、「事業の新陳代謝」は進むのである。

7 「業務の新陳代謝」をどう進めるか

業務が内包する3つのリスク――「膨張」「滞留」「過剰」

価値を創造するためには、仕事をしなければならない。仕事とは業務のことである。会社は「業務のかたまり」である。

すべての業務に意味や価値があるわけではない。無意味になった業務、価値のない業務、非効率で非生産的な業務は、絶えず代謝しなければならない。

一度発生した業務が、自然に消えてなくなることはない。業務を営む現場が常に業務にメスを入れ、業務の新陳代謝を進めなければ、会社は「非効率のかたまり」となってしまう。業務効率を高め、会社の生産性を高めるためには、業務が内包する「膨張」「滞留」「過剰」という3つのリスクに手を打たなければならない。

リスク1 業務は「膨張」する

業務には、次にあげる3つの特性がある。そのいずれもが、業務の「膨張」を招き、効率性や生産性の低下を招く。

［1］業務は肥大化する

会社の成長とともに業務は増えつづけ、雪だるまのように膨張する。だから、不要な業務、ムダな業務、付加価値の低い業務を洗い出し、常に代謝を進めなければならない。

［2］業務は個別化する

現場の担当者は自分に合ったやり方で業務を行いたいと考える。たとえ非効率であっても、自分のやり方、経験則に固執し、業務は属人化する。だからこそ、業務は標準化を進めなければならない。

［3］業務は陳腐化する

最も効率的な業務を定めても、それが明日も最適であるという保証はない。外部環境は常に変化し、新たな技術革新も生まれる。だからこそ、業務は常に進化しつづけなくてはならない。

業務の膨張を防ぐには、業務改善を「日々の行い」にしなくてはならない。

多くの会社が思いついたように業務改善プロジェクトを立ち上げ、業務の断捨離に取り組むが、一過性の取り組みで終わってしまいがちだ。

業務改善はそれぞれの現場が日常的に取り組むべきものである。

ムダを省き、常に効率化、最適化を指向し、仕事にメスを入れつづけることは、最も重要な現場の本来業務なのである。

リスク❷ 業務は「滞留」する

生産性を阻害する最大の要因は、じつは業務そのものではない。業務と業務がうまくつながらず、「滞留」することである。

上司の判断や指示を待ったり、後工程が詰まっていたりすることによる「滞留」、つまり待ち時間の発生が大きなロスを生む。

業務そのものを片付けるのにはたいした時間はかからないのに、意思決定や判断に時間がかかったり、内部調整に多大な時間をかけることがじつに多い。「意思決定の在庫」や「判断の在庫」が、仕事のスピード感を大きく毀損する。

業務の「滞留」をなくすには、業務プロセス全体の再設計、権限規定の再整備などが不可欠である。全体のプロセスのどこで「滞留」が起きているのかを突き止め、ボトルネックを解消しなければならない。

リスク❸ 業務は「過剰」になる

日本企業の現場に特徴的な業務非効率のひとつが、「過剰」である。

求められている以上の仕事を追求することが美徳となり、いつの間にか「過剰品質」「過剰サービス」などが現場に定着してしまう。

これが厄介なのは、現場で働く社員たちはよかれと思って行っていることである。顧客に対する過剰サービス、社内での過剰な資料作成など、「やりすぎがよいことである」とする風潮もいまだに残っている。

しかし、顧客から対価をもらえないサービスや必要以上の社内資料の作成などは、たんなる現場の自己満足にすぎない。

「過剰」を撲滅するには、会社としての方針を明確に打ち出し、標準や基準を設定することが肝要である。品質基準、サービス基準など会社としての基準を明示し、徹底させることが、業務の最適化には不可欠である。

「ECRS」というアプローチ

業務を代謝する方法論やツールは、これまでに数多く編み出されてきた。

現場からボトムアップで改善を進める日本的なアプローチもあれば、トップダウンで削減目標を設定するシックスシグマのようなアプローチもある。

私は経営コンサルタントとして数多くの業務改革プロジェクトに携わってきたが、そうした経験をもとにいえば、最も大事なことは短期的、一時的な業務改善で終わらせるのではなく、組織として業務改善能力を確立し、連続的、継続的に改善を行うことである。

改善を一過性的な「活動」(activity)で終わらせるのではなく、現場に根付く「組織能力」(capability)にまで高めなければならない。

社員一人ひとりが改善マインドをもち、問題を発見し、問題解決に日常的に取り組む。こうした「現場力」こそが、業務の継続的新陳代謝には不可欠である。

業務改善のひとつのアプローチとして「ECRS」という考え方がある。古典的なものだが、私はいまでもきわめて有効だと思っている。

「ECRS」とは業務改善の4つの視点を示している。

①Eliminate(やめる)
②Combine(集約する)
③Replace(代替する)
④Simplify(簡素化する)

大事なのは、4つの順番である。

まず「①やめることができないか」どうかを考える。やめても困らないような業務は、やめてしまえばいい。やめることが最も効果的な代謝である。

次に「②集約できないか」を考える。分散してしまっている業務を1ヶ所に集めることによって生産性を高めることが可能となる。

さらに、「③代替できないか」を検討する。パート社員の活用やロボットの活用、さらには外部へのアウトソーシングなど、ノンコア業務を切り出すことを検討すべきである。今後、ＡＩ（人工知能）なども有効な代替手段となりうる。

そして、最後に「④簡素化できないか」を考える。マニュアル化による標準化やＩＴ活用などによって、業務を単純化、規範化することができれば、業務改善は進む。

肥大化し、膨張する業務にどのように対峙するのか。

業務の継続的新陳代謝が効果的に行われなければ、「生きている会社」にはなりえない。

▼
▼
▼

「良質なアナログ時間」を取り戻す

業務の新陳代謝において、ＩＴの活用は必要不可欠である。ＧＡＦＡの生産性、効率性の高さは、卓越したＩＴ活用抜きには語れない。

一方、日本企業の多くはＩＴを活かし切れていない。膨大なＩＴ投資をしているにもかかわらず、その効果はきわめて限定的である。

その理由のひとつとして、「情報の洪水」があげられる。ＩＴの進展によって、これまでとは比較にならないほど大量の情報やデータにアクセスできるようになった。

この事実は一見よいことのように思えるが、現実には人間が処理しきれないほど膨大な情報が飛び交い、社内の至るところで「情報の洪水」が起きている。これによって、社員たちはどうでもいいような質の低い情報に振り回され、不要なコミュニケーションや不要な資料作成などに忙殺され、業務を著しく非効率なものにしている。

私はドリーム・アーツというＩＴ企業の社外取締役を務めている。ドリーム・アーツは大企業向けに企業情報ポータル型グループウェアやＷｅｂデータベース、ベストプラクティス型クラウドサービスなどのＩＴソリューションを提供する会社である。日本を代表する錚々《そうそう》たる大企業が顧客として名を連ねている。

そのＩＴ企業の社長である山本孝昭氏は、「すべてのテクノロジーは人間に牙を剥く」と指摘し、いち早くＩＴの怖さを喝破した。私との共著の中で、山本社長はこう述べている。(15)

……………………………

ＩＴは劇的にわれわれの生活や企業活動を革新してくれた。ＩＴがなくなれば、今の安全で清潔で快適な生活は維持できなくなる。しかし、他のテクノロジーが過去にたどってきたように、ＩＴも重大な転換期を迎えている。正確に言えば「ＩＴとの付き合い方」が大変革期を迎えているのだ。

最大の問題は、「情報の洪水」によって社員たちの貴重な時間が奪われていることである。共著において指摘したように、私たちは知らぬ間に「ＩＴ中毒」に罹っているのだ。

社員一人ひとりが三現主義を実践し、直接対話しながら、じっくりと考えるという「良質なアナログ時間」が奪われている。その結果、業務の付加価値が著しく低下している。日本企業の創造性劣化の一因がここにある。

日本企業が創造性を回復させるためには、「情報の洪水」を「治水」し、ITに拘束されている時間を奪い返すことが不可欠である。

ITに「使われる」のではなく、ITを「賢く使いこなす」知恵がいまこそ求められているのだ。

8 「組織の新陳代謝」をどう進めるか

人は組織をつくりたがる

会社にとって組織の問題はとても厄介である。

会社を運営するには組織が必要だ。組織は「会社の目的」を果たすための手段である。

しかし、いつの間にか「組織を存続させる」ことが自己目的化してしまう。

組織を守るため、組織を存続させるために、たいして必要とも思えない機能や業務をつくり出し、組織を防衛しようとする。会社という全体最適よりも、個別部門の利益を優先する部分最適な発想に陥ってしまう。

人は組織をつくりたがる。組織をつくるのは人の本能である。

何か新たな試みを始めようとすると、まず器をつくる。その器に人を集め、組織の長が任命される。

そうやって新たな組織が次から次に誕生し、いつの間にか会社の組織図は複雑怪奇なものになっていく。

会社の運営に必要なのは、じつは組織ではない。「会社の目的」を遂行するために必要なのは、機能であり、業務である。それらの機能や業務を効率的、効果的に遂行するために、最適な組織が設計されなければならないのだ。

▼▼▼ 組織を常にスリムで最適に保つ「3つのポイント」

組織を常にスリムで最適な状態に保つには、次の3つのポイントを念頭に置くことが重要になる。

❶ つくらない

一度つくった組織はそう簡単には潰せない。だから、組織を安易につくってはいけない。

新たな機能や業務が必要になったのであれば、既存の組織の中で対応できないかを考えるのが先決である。

❷残さない

役割を終えた組織はただちに解散するか、ほかの部門と統合させなければならない。意味のなくなった組織を残してはいけない。組織が残れば、自己保身のための自己増殖が始まる。

❸重複させない

似たような機能、業務を複数の部門、部署で行っている例がよく見受けられる。そうした状況は非効率であるばかりか、会社の統制がとれていないことの証左と見られてしまう。定期的に機能集約、業務集約の見直しを行わなければならない。

組織は一度つくると固定化してしまう。そして、「見えない壁」をつくり、たこつぼ化する。これが会社の生産性や効率性を毀損させる。

シンプルかつ大括りにするのが、組織設計の基本なのである。

「ミッション別組織」を活用する

一般的に、組織は機能別に編成されることが多い。安定的なオペレーションを遂行し、機能内の課題を解決するためには、機能別組織は合理的な選択肢である。

しかし、新たな経営テーマや機能横断的な課題を解決するには、機能別組織は適さない。機能内の業務遂行や課題解決が優先され、中長期的なテーマや全社的な課題はどうしても後回しになってしまう。

新たなテーマや機能横断的な課題を解決するのに有効なのが「ミッション別組織」である。ある特定のミッション（使命）を遂行するための組織である。

多くの会社で、プロジェクトや特命チームが編成され、組織横断的な取り組みを行っている。しかし、メンバーのコミットメントが低かったり、責任と権限があいまいなため、大きな成果には結びついていない例がじつに多い。

「ミッション別組織」の効果的な活用事例としてトヨタの取り組みを見てみよう。(16)

退路を断って問題解決をはかるトヨタの「BR組織」

「ミッション別組織」の好例が、トヨタの「BR組織」だ。

BRとは「Business Reform」の略で、「ある特定のテーマを推進することに特化した期間限定の組織」のことである。

通常の組織の枠組みの中ではなかなか解決できないテーマを「BR組織」として切り出す。その運営のキーワードは「特命」「納期」「専任」の3つである。

つまり、会社の未来にとってきわめて重要なテーマを特命として切り出し、定められた納期までに、退路を断った専任チームが全力投球で問題解決にあたるのである。

任務の遂行が完了すると、「BR組織」は解散する。組織が固定化しないので、機動的に組織を編成し、解散することが可能だ。

「BR組織」の活用によって生み出された成果は数え切れないが、最も有名なもののひとつがハイブリッド車「プリウス」の開発である。

当時、ハイブリッド車の開発は通常のライン組織で進められていたが、思うような進捗が見られず、奥田碩社長（当時）がBR組織の活用を決断した。

最初の「BR組織」が編成されたのが、1994年12月。そのミッションは、ハイブリッドシステムの開発だった。

メンバーたちは世の中に原理が発表されている約80種類のハイブリッドシステムを多面的、総合的に検討し、トヨタが採用すべきコンセプトを明らかにしていった。

その後、「BR組織」は第二次の活動に移行した。そのミッションは、ハイブリッドシステムの具体的な開発に必要な機能要件を明らかにすることだった。

そして、システム開発全体のとりまとめと信頼性を確保し、総仕上げを行うという目的のために、第三次の活動が展開された。

第一次から第三次までの期間を足し合わせても、わずか2年8ヶ月。1997年12月、「初代プリウス」が発売された。

驚異的なスピード感で、歴史に名を残すハイブリッド車は開発されたのだ。


トヨタでは新しい問題が浮上すると、「これはBRでやってみたらどうか」という会話が日常的に交わされる。

適切な新陳代謝が求められる時代に合った最も効果的な組織のひとつが「BR組織」のような「ミッション別組織」なのである。

9 「人の新陳代謝」をどう進めるか

いま必要なのは「リーダー」であり「マネージャー」ではない

会社の老化を防ぐうえで、最も重要でありながら最も難しいのは、人の新陳代謝である。

とりわけ、リーダーの新陳代謝は、会社という組織にとって決定的に重要である。

誰が会社のリーダーになるかによって、組織メンバーの意識や価値観、行動や規範が決まる。そして、それが会社の盛衰を決する。

私は「凡庸なリーダーの下では、凡庸な会社しか生まれない」と信じている。

ここでいう「凡庸」とは能力の高低のことではない。非凡でなければならないのは「エネルギーの大きさ」と「心の柔軟性」である。

ほとばしるほどのエネルギーとフレッシュな発想をもつリーダーでなければ、未来を切り拓く創造は為しえない。

日本企業でも経営トップの若返りは徐々に進みつつあるが、欧米に比べるとまだまだ中途半端である。

欧米では、40歳を過ぎれば、大統領だろうが、社長だろうが、人物本位、能力本位で高い役職に就くのが当然だと思われている。

フランスの大統領・エマニュエル・マクロンは、39歳の若さで史上最年少の大統領に就任した。「彼はまだ若い」という理由で反対する声はまったくといっていいほどなかった。

「リーダーシップ」と「マネジメント」は明らかに異なる。私たちがいま求めているのは「リーダー」であり「マネージャー」ではない。

経験は豊富だが、リーダーとしては凡庸な人を経営トップに据えてはならない。経験は不足していても、非凡なリーダーシップをもつ人材を躊躇なく経営トップに据えるべきである。

前例のない未来を切り拓くのは、間違いなく若いエネルギーであり、フレッシュな発想である。

若いからといって、譲るのを躊躇してはいけない

明治時代の実業家で、第二代住友総理事だった伊庭貞剛は、58歳で一切の職を辞し、郷里の滋賀県で隠居生活に入った。その際、「事業の進歩発展に最も害するものは、青年の過失ではなくて、老人の跋扈《ばっこ》である」という名言を残した。(17)

リーダーの座をいつ、誰に、どのように譲るのかは、最も難しい経営判断のひとつである。

適切な後継者がいないのに譲るのは、無責任だ。しかし、完璧な後継者を探しあぐねていつまでも譲らないのは、もっと無責任である。伊庭貞剛はこうも指摘する。

人の仕事のうちで一番大事なことは、後継者を得ることと、後継者に引き継がしむる時期を選ぶことである。これが、あらゆる仕事中の大仕事である。後継者が若いといって、譲ることを躊躇するのは、己が死ぬということを知らぬものだ。

……………………

日本企業でもサクセッション・プラン（後継者育成計画）を打ち出す会社は増えてきた。しかし、その取り組みはオープン性やダイナミズムがまだ不足している。

どれほど潜在的な力が高かろうが、リーダーは経験とともに真の力をつけていく。次世代リーダーは計画的に鍛え、育てなければならない。

▼
▼
▼

一律主義の人事は悪である

卓越したリーダー候補は、実践を通じて自ずと浮かび上がってくる。

「これは」と思う人材には、「ひと皮剥ける場」を意識的に与え、早期にリーダーとしての経験を積ませることが肝要だ。カルビーの会長兼CEOである松本晃氏はこう指摘する。(18)

人間には必ず個人差がある。それなのに一律の人事ローテーションをかけていないだろうか。能力がある人に30年も40年も下積み経験をさせる必要などない。

年功序列を排除しようとする日本企業は増えている。しかし、これまでの慣例を打破できず、中途半端な取り組みで終わっているところが多い。

一律主義の人事を温存したままでは、有能な人材が育たないばかりか、外部から有能な人材を採用することもできない。

「生きている会社」は思い切った若返りを断行し、絶え間ない挑戦を続けている。

たとえば、良品計画は海外事業を本格展開する際に、取締役の大胆な入れ替えを行った。短期間で海外事業を発展、成功させた要因のひとつは、間違いなくこの人事にある。

当時、41歳、43歳、45歳の部長級を取締役に抜擢し、海外事業を東アジア、欧米、西南アジア・オセアニアの3地域に分け、3人に担当させた。

3人はお互いに刺激し合い、切磋琢磨しながら、リーダーとして「ひと皮剥ける」体験を積んでいる。事業創造の実践を通じて、次世代リーダーを意識的に育てているのだ。

人は少ないくらいでちょうどいい

経営トップ、経営幹部の適切な新陳代謝は、「生きている会社」でありつづけるためには不可欠である。

その一方で、社員を新陳代謝の対象としてはならない。

もちろん、会社が破綻の危機にあるような場合には、人のリストラをやむなく選択せざるをえないこともある。しかし、それは窮余の策だ。人を会社業績のバッファーにしてはならない。

人という経営資源は「活かす」ものではない。「活かし切る」ものである。

人の強み弱みを見抜き、もてる潜在能力をフルに発揮する場を与えることが会社の重大な責務である。本田宗一郎はこう語っている[19]。

一人ひとりが、自分の得手不得手を包み隠さず、ハッキリ表明する。石は石でいいんですよ。ダイヤはダイヤでいいんです。

そして、監督者は部下の得意なものを早くつかんで、伸ばしてやる、適材適所へ配置してやる。

そうなりゃ、石もダイヤもみんなほんとうの宝になるよ。

城の石垣はダイヤではつくれない。石だからこそ強靱な石垣になる。

石はそこらあたりに転がっているだけでは、たんなる石である。石垣をつくるという目的によって、石を「活かし切る」ことができる。

社員を「活かし切る」ための極意は、人を増やしすぎないことである。会社はその規模に対して、人が少ないくらいでちょうどいい。

人は仕事を通じて成長する。人が適度に少ないほうが、一人ひとりにより大きな役割、責任を与えることができる。また、新しい仕事のチャンスを与えることも可能だ。

人が少なければ、新陳代謝の必要もない。いまある経営資源を最大限に「活かし切る」ことに専念できる。

一方、人が過剰だと、どうしても一人ひとりの役割、持ち場は小さくなり、「駒」になってしまう。ストレッチ（背伸び）するような成長のチャンスを与えることも難しくなり、人を「活かし切る」ことができない。

さらには、何の貢献もしない「ぶら下がり社員」が生まれ、会社の「お荷物」となるばかりか、ほかの社員たちの士気まで低下させてしまう。

会社は少数で回せば、みんなが精鋭になりうる。人を増やしすぎないことこそが、人を「活かし切る」ための必須条件なのである。

第3章

「会社の構造」を正しく理解する

1 会社には「3つの側面」がある

会社は「生き物」である

会社の目的は、創造である。そして、「絶え間なき創造」を行うには、新陳代謝が欠かせない。「創造＋代謝」こそが会社の本質である。

では、「挑戦—実践—創造—代謝」の循環を生み出すには、どうしたらいいのか。これが「生きている会社」でありつづけるための、根本的な問いかけである。

その問いに答えるには、「会社の構造」を正しく理解する必要がある。本章では、「会社の構造」を解き明かしていきたい。

会社は「生き物」であるとよくいわれる。

固定的、均一的な存在ではなく、地球という環境の中で、人が営む社会の中で、「生き物」のように絶えず変化し、うつろいながら存在するものである。

会社は人間社会があってはじめて存在しうる。人間社会の中で生き、生かされる存在である。

だからこそ、会社をたんに利益を上げるためだけのマシーン（機械）として捉えてはならない。社会が豊かになり、人間が幸せにならなければ、たとえ巨額の利益を稼ごうが、会社という「生き物」の価値はない。

▼▼▼

3つの側面で「生き物」を捉える――「経済体」「共同体」「生命体」

それでは、「生き物」にたとえられる会社は、どのような構造になっているのだろうか。

ここでいう構造とは、目に見える組織的、システム的構造だけを意味していない。会社を「生き物」として捉え、目には見えない部分も含め、会社の構造を理解しなければならない。

会社は、次の3つの側面によって構造化されている〔図表3◆1〕。

①経済体
②共同体
③生命体

ひとつずつ検証していきたい。

図表3◆1　会社の構造

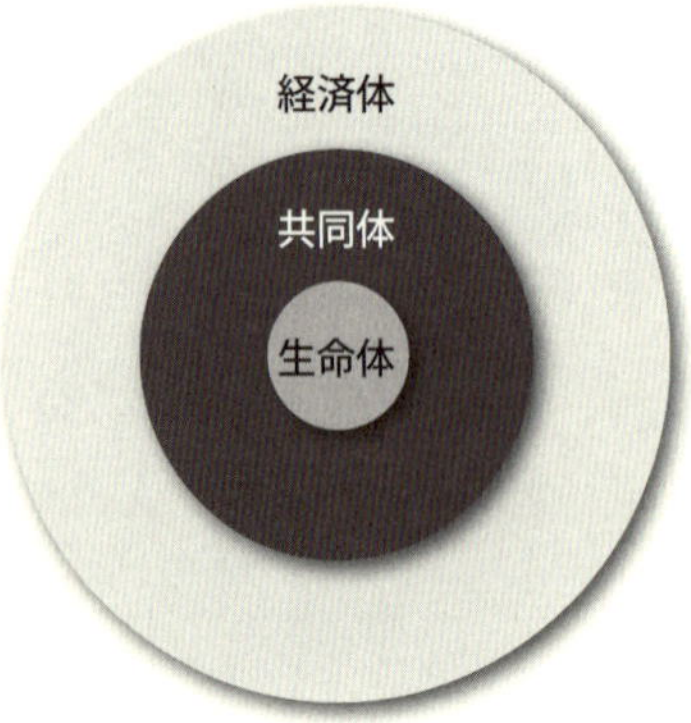

❶経済体

「経済体」とは、価値を創造し、営利を追求するという会社の目的、役割を遂行するために必要となる機能的、合理的な側面である。戦略や組織、制度など経済活動を行うために必要な要素、機能はここに包含される。

経済体としての会社を一言で表現すると、「価値変換システム」である。

「人・モノ・カネ」という経営資源（インプット）を投下し、価値変換システムを経ることによって、より大きな付加価値（アウトプット）が生み出される。新たな価値や富はその循環から生み出される。

❷共同体

「共同体」とは人々が同じ目的を共有し、一体感をもちながら「共働する場」であるという会社の側面である。

会社は複数の人間で営まれている。人間同士の関係性やつながりによって会社は「共同体」を形成し、協力し合いながら価値創造を行っている。

❸生命体

そして、「生命体」とはそこで働く人々が仕事を通じてやりがいを感じ、人として成長し、活性化する場という側面である。

会社は人の営みである。人々が仕事を通じてイキイキとし、成長感、達成感、貢献感を充足させるのが会社の大きな使命である。

どれほど利益を上げようが、社員たちの眼が死んでいれば、それは経営として失敗である。社員たちの眼を輝かせることこそが経営者の責務である。

これまでの企業論、経営論の多くは、「経済体」としての側面に焦点が当たっていた。会社は「生き物」であると指摘していながら、静的、部分的、断片的な捉え方、考察になりがちである。

しかし、それでは会社という「生き物」を真に理解したことにはならない。「経済体」「共同体」「生命体」という3つの側面を統合し、ひとつの「生き物」として考察しなければならないのだ。

見えないもの、測れないものが大事

「経済体」「共同体」「生命体」という3つの側面は同列に位置付けられるものではなく、年輪のように層別化している。これが「会社の構造」を理解するうえで重要な点である。

最も外側に位置付けられるのが「経済体」である。会社の「表の顔」であり、会社の経済的パフォーマンスの良し悪しはここにあらわれる。

その内側に「共同体」がある。「経済体」としてのパフォーマンスを最大化させるには、「共同体」としての質と能力を高めなければならない。

さらにその内側の中核部分が「生命体」である。

会社が「生き物」として活性化するには、その根源となる「生命体」としての力強さが不可欠である。「生き物」である会社は、生命力に溢れていなければならない。

私たちは会社を「経済体」としてのみ評価しがちだ。「経済体」としての会社は目に見える部分、測定可能な部分が多く、「よい」「悪い」の判断も比較的容易である。

実際、価値変換システムである「経済体」としての会社は、これまで多面的、多角的に考察されてきた。

価値変換システムを設計、構築するために必要な機能や仕組み、要素に分解し、会社を捉えようとしてきた。戦略、組織、人材、財務、会計、オペレーション、ガバナンスなど、ビジネススクールで教えられる経営知識のほとんどは、価値変換システムを構築し、運用するために必要なものばかりである。

しかし、そこに重大な落とし穴がある。

「経済体」としての会社は、じつは会社のほんの一部分にすぎない。「経済体」としての会社についての知識だけを習得しても、それで会社がわかったことにはならない。その見方は部分的、断片的、短絡的であり、時として会社を見誤る。

会社という「生き物」を真に理解しようとするなら、目に見えない部分、測定できない部分に注目せざるをえない。私は「共同体」「生命体」にこそ、会社の本質があると確信している。

つまり、「生きている会社」になるには、「共同体」としてのダイナミズム、「生命体」としての力強さ、輝きを高めることに全力をあげなければならないのだ。

「経済体」としての会社は、数多くの経営学者やコンサルタントなどによってすでに十分に語り尽くされている。よって本書では、次節以降で、「共同体」「生命体」としての会社について掘り下げていきたい。

2 「共同体としての会社」を理解する

調和の取れた一つの力

日本企業の多くは、会社を「共同体」として位置付けている。

「共同体」とは集団としての長期的な関係性を前提とした組織であり、そこに日本の会社のひとつの特徴や特性がある。盛田昭夫はこう語っている。[1]

経営者の手腕は、いかに大勢の人間を組織し、そこから個々人の最高の能力を引き出し、調和の取れた一つの力に結集しうるかで計られるべきだ。

個々人を束ね、潜在能力を引き出し、「調和の取れた一つの力」にする。それこそが「共同体」である。

人と人が結合し、時にぶつかり合いながらも、連結しながら価値を創造する。そのプロセスを通じて、人も組織も成長する。

会社をたんに「稼ぐ手段」として位置付けるのではなく、人として成長し、自己実現する場であると考える。「共同体」とは、人が成長する場にほかならない。

個人に立脚するか、集団に立脚するか

「共同体」という考え方はけっして日本だけのものではない。欧州にも同様の考え方が存在する。

フランス人で、EU委員会経済構造・開発名誉局長を務めたミシェル・アルベールは、「資本主義には少なくとも2つのタイプがある」と指摘した[2]。

ひとつは、米国や英国に見られるもので、「アングロサクソン型」資本主義と呼んでいる。もうひとつはドイツやオランダなどライン川沿いの国々に見られるもので、「ライン型」資本主義と呼んでいる。日本は「ライン型」に近いとされている。

「アングロサクソン型」は個人に立脚し、市場を中心とした資本主義である。それに対し、「ライン型」は、集団に立脚し、「共同体」を中心とする資本主義である。

アルベールは経済的にも、社会的にも「ライン型」資本主義のほうがパフォーマンスは高いとしているが、現実の世界では「アングロサクソン型」に収斂していくだろうと予測している。

私は日本企業は「ライン型」を維持・強化すべきだと考えている。

けっして「アングロサクソン型」を否定しているわけではない。有効と思われる考え方

や制度は是々非々で取り入れていけばいい。

しかし、日本企業の根幹には、集団やチームを重視する「共同体」という発想がなくてはならない。なぜなら、それこそが日本、日本人のよき特性を活かす最も合理的な道だからである。

連帯感という「見えざる資産」が重要

加護野忠男名誉教授は、「働く人々と職場共同体との間に生涯にわたる強い連帯感がある」というのが日本企業の特徴だと指摘する。

そして、それは「積極的に職場の改善に取り組む精神的土台」「会社を傷つけるような行動を許さないことによる内部統制コストの削減」「安心して人材投資ができる」などの経営上のメリットがあるとしている。

しかし、現実を見れば、多くの日本企業は連帯感を喪失し、「共同体」が崩壊しつつある。加護野名誉教授は次のように警鐘を鳴らす。[3]

……………………

連帯感という資産は、目に見えない資産であるが、企業の健全な発展にとって重要な意味を持っている。まさに「見えざる資産」なのである。われわれは、目に見えないものにも冷静な考慮を払うという賢明さを取り戻さなければならない。

私たちは人と人との結びつきの中で生きている。

その結びつきが同じ目的に向かうことによって強固なものとなり、新たな価値が生み出される可能性は高まる。そして、生きる喜びや幸福感は、その連帯感から生まれてくる。

日本人は「場所」という考え方を大切にする

「共同体」という発想の根底にあるのが、「場所」という考え方である。

日本人は「場所」という考え方を大切にしてきた。それが会社という組織にも大きく影響している。

ここでいう「場所」とは物理的な場所とは異なる。前川製作所顧問の前川正雄氏はこう指摘する。(4)

西欧の考え方ではまず自己がある。その自己が存在する場所(＝環境)は、自己に付属したものであり、いつでも変えられるものだ、と考える。これに対して、日本の思想家、西田幾多郎は、「場所」のなかにいる自己こそが本当の自己ではないか、場所を離れた自己はそもそも存在しない、と考えた。

個人に立脚し、場所は個人に付随するものと考える欧米に比べて、個人と場所の結びつきをより深く考える日本人は、そう簡単に場所を変えることができない。日本人の流動性が低い理由のひとつがここにある。

しかし、個人と場所を分離できないことが場所に対する帰属意識、集団に対する仲間意識を醸成し、会社という「共同体」の質につながるのも事実である。前川氏はこう続ける。

二〇〇年続いている日本の会社を見ていると、資本主義ではなく「場所主義」で経営されている。資本もあるし、役員、従業員もいて、もちろん市場もあるが、それらがすべて共同体になっている。つまり共同体が主体で、資本はそのなかでツールの一つにすぎないのだ。

一般に会社の経営資源は「人・モノ・カネ」といわれるが、前川氏はかつては日本も欧州も「人・モノ・場所」こそが経営資源だったと分析する。

それが20世紀に入り、資本の論理が台頭する中で「場所」が「カネ」に変わったのだと も指摘する。

「場所」という経営資源にこそ日本のユニークさが存在することを私たちは再認識する必要があるのだ。

たんなる「仲良しクラブ」ではいけない

「共同体」や場所主義的な考え方に、否定的な人ももちろんいる。日立製作所をV字回復させた川村隆元社長（現東京電力ホールディングス取締役会長）はこう語っている。(5)

日本は、家族や地域社会など、自然発生的なつながりを重視する〝村落共同体〟的な組織ですね。欧米は軍隊や行政のように、外的な目的を達成するための〝機能集団〟的な組織です。企業は「利益の追求」のためにつくられているのですから、本来は機能集団なのです。

日立は、現場の反対やOBたちの横やりで多くの改革を断念し、巨額の赤字に陥った。川村氏は日立を再生するために、「情に流されず、理詰めで判断する」という退路を断った改革を断行した。

「共同体」という名の下に、組織が互助会的な「仲良しクラブ」と化してしまっては、意味がないばかりか企業価値を大きく毀損させてしまう。合理性が欠落したぬるま湯のような「共同体」にはまったく価値がない。川村氏はこう指摘する。(6)

（引用者注＊村落共同体は）時間が経つと腐敗の温床になります。社員の間でなれあいが生じ、新しいことにチャレンジするような〝出る杭〟を徹底的に打つようになります。上司の顔色を始終窺って気に入られようとする部下も増えるでしょう。

そのような村落共同体は、グローバルな、熾烈な競争の中では生き残れません。

………………………………

村という狭い「場所」に閉じこもれば、村の中でどう生き残るかだけを考えるようになってしまう。「共同体」という組織には「負の側面」が起こりうるのも事実である。

▼▼▼

創造を加速する「共同体」でなければならない

しかし、たとえ「負の側面」があったとしても、私は日本企業は「共同体」にこだわるべきだと思っている。「負の側面」を抑制することができれば、「共同体」は価値創造において大きな力を発揮しうると信じている。

「共同体」を存続させることが目的ではない。

「共同体」が「会社の目的」である「独自価値の絶え間なき創造」に有益、有効であるならば、「共同体」にこだわることは合理的であり、意味がある。

日本企業の多くは、「突出した個の力」よりも「チームや集団としての結合的な力」を基盤として企業活動を営んできた。それは日本の特徴であり、ユニークさ、優位性でもある。

ラグビー日本代表の主将として強豪南アフリカを打ち破るという快挙を成し遂げたリーチマイケル氏は、日本の強みについて次のように指摘する。[7] ニュージーランドで生まれ、高校から日本で暮らすリーチマイケル氏の指摘は、本質的で鋭い。

……………………

ハートがいちばん強い。日本にはタレントがなくても根性で戦う人がたくさんいる。ハートが鍛えられている。日本の選手は、自分のチームに対して愛情を持つと凄く強い。

……………………

私が長年提唱している「現場力」は、「共同体」だからこそ生まれる競争優位である。現場という「共同体」を軸に競争力を磨くという発想は、日本という国、日本人との親和性が高い。

個々の人間の力を最大限に引き出し、そうした力を結集させ、創造につなげる。本田宗一郎がめざしたのはそんな会社だった。彼はこう語っている。[8]

……………………

企業という船にさ　宝である人間を乗せてさ　舵を取るもの　櫓を漕ぐもの　順風満帆　大海原を　和気あいあいと　一つ目的に向かう　こんな愉快な航海はないと思うよ。

……………………

絶え間なき創造という目的のために「共同体」は存在しなければならない。問われているのは、「共同体の質」なのである。

3 「生命体としての会社」を理解する

「生命体」こそ会社の核心である

「経済体」としての会社は、合理性、機能性を担保する。「共同体」としての会社は、一体性、協働性をもたらす。

しかし、それだけでは「生きている会社」をつくることはできない。

「生き物」である会社の根源は、「生命体」としての力強さである。「挑戦―実践―創造―代謝」という会社の根幹を推進する原動力は「生命体」である。

どんなに合理的、機能的な「経済体」を設計し、構築しても、そこにエネルギーが注入されなければ、「経済体」は機能しない。集団が「共同体」を形成して、一体感を醸成しても、活力や熱量に乏しければ創造はできない。

会社はキラキラ輝く「生命体」でなければならない。

「生命体」としての逞しさをもち、みなぎる力に溢れていなければならない。「生命体」としての力強さを失ってしまっては、「経済体」も「共同体」もまったく意味をもたない。

加護野忠男名誉教授は「生命体」としての活力を「元気」と呼び、こう語っている。(9)

戦略も大切だが、それよりも大切なのはここで言う元気だ。私はこの元気こそ戦略を生み出す原動力になるのではないかと考え「戦略駆動力」と呼ぶことを考えた。

いま多くの日本企業は「生命体」に深刻な問題を抱えている。

覇気がない、やる気がない、眼が死んでいる、くすぶっている、冷めている、あきらめている……。すべての大本となる生命力や活力が枯渇していたのでは、「経済体」や「共同体」を少しばかりいじったところで、事態は何も変わらない。

とくに、業績が長期間にわたって低迷したり、経営者が関与するような深刻な不祥事が起きたりすると、「生命体」は大きく毀損する。

そのダメージはきわめて大きく、長期化し、深刻である。会社の核心が傷つき、弱ってしまっているのだから、表面的な対処をしても傷は治らない。

「気」こそが、「生命体」の正体

では、「生命体」としての会社の正体はいったい何なのか。

それは「気」である。

元気、活気、熱気、やる気、本気、気迫、気合い……。日本語には活力を表す言葉として「気」という言葉がよく使われる。

会社においても、「気」こそが根源であり、「気」が充満することによって真の「生命体」となる。デンソーの有馬浩二社長はこう語る。[10]

有名な神社とか立派な教会に行った時、その中に入った瞬間、ちょっと背筋が伸びるような独特の緊張を感じますよね。荘厳な建物や静寂な環境といった物理的な理由だけではなく、そこの施設にいる人たちからも、ある種のオーラのようなものが出ていて、それらの要素が集合して、独特の気を醸し出しているのだと思います。

当社の工場も、入り口を入った瞬間、他社の工場とは違う独特な「気」を感じる人がいると思うのです。モノづくりを徹底的に研ぎ澄ませることで、そうした「気」をさらに高めていきたいと考えています。

「気」とは生命の源であり、生命力の象徴である。

ひたむきさや愚直さ、一心不乱さは独特の「気」を生み出し、ほかの人へも伝播する。

歴史家で、「気」の研究の大家である立川昭二氏は、「気」の特性についてこう語っている。[11]

「気」は目に見えないエネルギーのようなものといわれていますが、向き（方向性）があります。「やる気がない」というのは、「気が向かない」ということです。

では、どうしたら「気が向く」ようになるのか……。

人間は「気」という秘めたエネルギーを必ずもっている。問題はそれが閉じてしまい、内に向かっていることである。

社員たちの心が解放され、「気」が充満し、ひとつのベクトルに沿って外に向かっている。それが会社の行動力や身体性の高さを生み出す。

「気」こそが、「生命体」の正体なのである。

「気」は、会社の「表情」としてあらわれる

「気」は見えないと思われているが、じつはよく見えると私は思っている。

会社にはそれぞれの会社の「表情」がある。会社としての活力、つまり「気」は「表情」としてあらわれる。

創造をめざし、挑戦しつづけている「生きている会社」は、喜怒哀楽がじつに豊かである。困難に挑戦し、成功すればみんなで喜び、うまくいかなければみんなで落ち込む。時には意見が衝突し、怒りも生まれるが、仕事そのものをみんなが楽しんでいる。「人間丸出し」で、とても人間臭い。

一方、創造できない「死んでいる会社」は、無表情である。

表情がないというのも、ひとつの表情だ。どんなに利益を上げようが、無気力、無関心、無表情が蔓延していては、明らかに経営の失敗である。

それぞれの会社が内包する「気」は、会社の「表情」として顕在化する。

私たちは会社を「経済体」としてのみ捉え、そのパフォーマンスを経営数字として測り、比較しようとするが、それは会社の一面的な捉え方にすぎない。

真に「生きている会社」であるかどうかを見抜くためには、「生命体」としての会社を評価しなければならないのだ。

根っこを元気にする

本章で掘り下げている「会社の構造」は、植物にたとえると理解しやすい。会社が創造する独自価値や最終的に残る利益は、植物の実や花である。

大きな実がなり、美しい花を咲かせるために、最も大事なのが地中の根っこである。根っこは植物の体を固定し、支え、成長のために必要な水分や栄養分を吸収する。

根っこが元気でなければ、植物は弱り、やがて枯れてしまう。逆に、元気で逞しい根っこは地中深く伸張し、どんどんと栄養分を吸収する。

植物を見るときは、どうしてもその大きさや枝ぶり、そして実や花に眼が行く。

しかし、それはあくまでも表から見える部分にすぎない。植物が本当に健康かどうかは、地中深く張り巡らす根っこを見なくてはわからない。

私は、根っこが腐ってしまった会社、腐りかけている会社をいくつも見てきた。そんな状態を放置したまま、新たな中期経営計画を策定したり、組織をいじったりしたところで、絶対に再生は果たせない。

「生命体」を回復させる魔法はない。有機体である会社を蘇らせようとするならば、その方法はひとつしかない。

腐りかけている根っこを真正面から見据え、たとえ時間がかかろうとも、土壌から元気にし、栄養分を補給するしかない。根っこの再生なくして、「生きている会社」への再生はありえないのだ。

「人」が元気になれば、根っこが元気になり、会社は元気になる

植物は根っこの先端部にある細かい毛のような根毛を通して、水分や栄養分の吸収を行う。根毛は一つひとつの小さな細胞でできている。ひとつずつの根毛が元気でなければ、根っことしての機能は果たせない。

会社に置き換えれば、ひとつずつの根毛とは「人」のことである。

一人ひとりの社員が活性化し、それぞれの仕事に熱意をもって取り組むことによって、「生命体」としての会社は元気になる。

元気な根っこが栄養分を欲し、吸収力が高いのと同様に、元気な社員は貪欲に学び、吸収しようとする。根毛が元気になれば、根っこが元気になり、会社は元気になる。

一方、元気のない社員は吸収する力が弱く、さらにやせ細っていく。根毛が弱れば、根っこが貧弱になり、会社も衰弱していく。

経営においてなぜ人が大事なのか。それは根毛の役割を担う「人」が元気でなければ、有機体として活性化することができないからである。

根っこを元気にするのが、経営者の最大の仕事

価値変換システムである「経済体」は、さまざまな要素で構成されている。

多くの会社は「人」をその中のひとつの要素だと位置付ける。戦略や組織、制度などと同列に「人」を置き、価値変換システムを機能させるひとつの「部品」として扱っている。

ここに根本的な間違いがある。

「人」は戦略や組織、制度などと同列に扱われ、位置付けられるべきものではない。盛田昭夫は「人間」についてこう語っている。[12]

日本であれアメリカであれ、すぐれた会社の成功に特別の秘訣やこれといった秘伝があるわけではない。ビジネスを成功させるのも理論でもなければ計画でもなく、ましてや政府の政策でもない。それは人間なのだ。日本式経営にもしも秘訣があるとするならば、「人間」がすべての原点になっているというこの一点につきるような気が

する。

…………

会社を「生命体」として捉えるのであれば、「人」を会社のど真ん中に置かなければならない。「人」こそが、会社の根源であり、核心である。

一般に、会社において「人」に関するさまざまなことを扱うのは、人事部である。人事制度をつくり、「採用─配置─評価─教育─異動」という一連の運用を司る。そうした仕組みづくりや実際の運用において、人事部が必要なのはわかる。

しかし、人事とは会社の根っこを扱う仕事である。「生命体」「有機体」としての会社が活性化するかどうかは、根っこの力強さにかかっている。

だから、人事を人事部にまかせてはいけない。

「生命体」の根っこを元気にするのは、経営者の最大の仕事である。

第I部
エッセンス

❖「会社とは何か」を明らかにする

▼会社が存在する目的は「独自価値の創造」である。

▼「独自価値の創造」とは顧客が認める差別化された価値を連続的に創造しつづけることである。「絶え間なき創造」こそが「会社の目的」である。

▼創造するためには、挑戦が不可欠である。企業は「やらないリスク」よりも「やるリスク」をとらなければならない。

▼挑戦には勇気が必要である。大きな挑戦ばかりが挑戦ではない。小さな挑戦から大きな挑戦のきっかけやヒントが生まれる。

▼「絶え間なき創造」に成功している「生きている会社」は実践を重視する。「まずはやってみる」という実践主義こそが挑戦を促し、創造を生み出す。

❖創造的新陳代謝

▼会社は老化する。「安住」と「傲慢」という老廃物が溜まり、創造が困難になる。

▼創造しつづける会社は老化の怖さをよく知っている。だから、「デーワン」でありつづけ

ように懸命に努力している。

▼創造するためには新陳代謝が不可欠である。新陳代謝とは「古いものが新しいものに次々と入れ替わる」ことである。

▼「生きている会社」は、「創造戦略」だけでなく「代謝戦略」を明確にし、実行している。創造と代謝はコインの裏表である。

▼代謝とは「捨てる」「やめる」「入れ替える」ことである。

▼「生きている会社」の基軸は「挑戦―実践―創造―代謝」である。一方、「死んでいる会社」は「管理―抑制―停滞―閉塞」に陥っている。

▼代謝の対象は「事業」「業務」「組織」「人」の4つである。

❖「会社の構造」を正しく理解する

▼会社は「生き物」であり、「経済体」「共同体」「生命体」という3つの側面で形成されている。

▼「生き物」である会社を理解するためには、「共同体」「生命体」という目に見えない部分、測定できない部分に着目する必要がある。

▼「共同体」としての会社は一体感、連帯感という「見えざる資産」を生み出し、創造を加速させる。

▼「気」が充満し、根っこが活性化した「生命体」としての輝きがなければ、会社は創造することはできない。

▼会社を「生命体」として捉えるのであれば、「人」を会社のど真ん中に置かなければならない。「人」こそが、会社の根源であり、核心である。

第II部

「生きている会社」になるには何が必要か

第4章

「生きている会社」の必要条件

1 「生きている会社」になるための核心

うちには思想と人しかない

絶え間なく創造と代謝を繰り返す「生きている会社」をつくるには、いったい何が必要なのか。第Ⅱ部ではその条件を考えてみたい。

そのヒントを投げかけてくれたのは、良品計画の金井政明会長だった。

良品計画では毎回の取締役会の前に、社外取締役と金井会長がお茶を啜りながら「雑談」をする時間がある。15～20分程度の時間だが、四方山話に花が咲く。

あるとき、その「雑談」の中で金井会長がこう呟いた。

うちには思想と人しかありませんから。

……………

何気なく語られたその言葉に、私は強い衝撃を受けた。

良品計画は現在、日本における「生きている会社」の代表選手だ。

「挑戦―実践―創造―代謝」という会社の基軸がしっかりし、新たなことに次々にチャレンジしている。その結果、卓越した業績も上げている。

その会社の経営者が「うちには思想と人しかない」と平然と語る。このシンプルさ、潔さはいったい何なのか。

良品計画の好調な経営を周囲から見る人たちは、さまざまな角度からこの会社を分析し、何が成功の秘訣なのかを探ろうとする。

他社が真似のできない独自性の高いビジネスモデル、機能的でデザイン性の高い商品、質の高いブランディングやマーケティング施策、海外戦略の成功、効率性の高いオペレーション、効果的なデジタル活用など、さまざまな要素があげられ、語られる。

そのどれもが間違いではない。しかし、それが良品計画の成功の核心かと問われれば、そうとはいえない。

金井会長は良品計画の成功の核心は、「思想と人」だと断言するのだ。これは「生きている会社」をつくるうえで、きわめて重要な指摘である。

つまり、「思想と人」さえあれば、良品計画のような「生きている会社」になれるということである。

▼▼▼ 本当に大事なのは「基礎」をしっかりさせること

第I部で、会社は「経済体」「共同体」「生命体」という3つの側面で構造化されていると述べた。

これまでの経営学では、会社を「経済体」という側面からのみ捉え、どうすれば「経済体」として強くできるかを論じることが中心だった。

「効果的な戦略とは何か」「組織はどうあるべきか」「どのような制度が必要か」「どうすれば健全な財務体質をつくれるのか」「いま求められているガバナンスは何か」「戦略的なIT活用とは何か」など、個々の要素について語る傾向が顕著だった。

「戦略は不要だ」とか「組織など重要ではない」などというつもりはない。しかし、それらの要素は、じつは会社の核心ではない。

家を建てるときのことを考えてみよう。

見栄えのいい家にしようと思えば、上質なアルミサッシやお洒落な窓ガラスも必要だろう。しかし、家はまず堅牢でなくてはならない。

そのために何より大事なのは「基礎」である。

「基礎」をしっかりさせることが、建築構造物の基本中の基本である。どれほど見栄えのよいアルミサッシや窓ガラスを用意しても、「基礎」がぐらついていたのでは「砂上の楼閣」である。

金井会長が指摘する「思想と人」とは、家にたとえれば「基礎」のことである。ここさえしっかりしていれば、極論すれば、あとはどうとでもなる。

思想とは、会社の存在理由であり、「会社の目的」である。

確固たるぶれない思想が会社のど真ん中に存在し、その思想に共感する人たちがいれば、組織は自然に動き出す。どのような価値創造をどのように行うべきかを自分たちで考え、答えを探し求めながら、自分たちの力で逞しく前に進んでいくだろう。

逆に、「基礎」がグラグラしていたのでは、どんなに戦略や組織、制度をいじっても、「生きている会社」にはなりえない。

▼▼▼ 経営は実践で学ぶしかない

ビジネススクールの限界がここにある。

多様な要素が複雑に絡み合う経営を教えるためには、個々の要素に分解して教えざるをえない。それによって個々の要素についての知識は豊富になるし、それぞれの分野の専門家は育成できるかもしれない。

しかし、しっかりした「基礎」をどのようにつくったらいいのかという肝心な点は教えてくれない。これでは経営者を育成することはできない。

「教えてくれない」というよりも「教えられない」といったほうが正しいだろう。

何百冊もの経営書やビジネス書を読んだり、山ほどのケーススタディをこなしても、そこに書かれていることは所詮過去のことであり、他社のことである。残念ながら、再現性は期待できないし、「生き物」である会社の本質を習得することはできない。

どれほどスパーリングの練習を行っても、本番のリングで死に物狂いで挑んでくる対戦者と向き合わなければ、ボクシングの本質はわからない。練習と本番は天と地ほどの差がある。

私たちに投げかけられている大命題は、「生きている会社」をつくることである。「生きている会社」が実現できれば、必ずや創造に結びつく。

会社が生きてさえいれば、経営に関する知識などなくても必死に考え、試行錯誤しながらも前に進んでいく。その道程から学ぶことのほうが、座学で学んだ知識よりもはるかに有益である。

実践を通じて経験を積んだ者が、あとから理論や知識で自らの経験則を再確認することはあるだろう。

しかし、知識が経験の代替になることはありえない。わかっていないにもかかわらず、わかった気になることのほうがよほど深刻な問題である。

2 「生きている会社」の3つの条件

熱＋理＋情＝利

「生きている会社」をつくるために必要なものは、じつはとてもシンプルである。

会社を分解したり、細かく切り刻んだりするのではなく、「会社の本質」を見極めれば、「生きている会社」になるための条件は自ずと見えてくる。

絶え間なく創造と代謝を繰り返す「生きている会社」の条件とは、次の3つに集約される〔図表4◆1〕。

①「熱」（ほとばしる情熱）
②「理」（徹底した理詰め）
③「情」（社員たちの心の充足）

この3つの条件が整い、重なり合うことによって、会社は活性化し、「生きている」状態になる。その結果、生まれるのが「利」（利益）である。

図表4◆1　3つの条件

熱 ＋ 理 ＋ 情 ＝ 利

したがって、「利」を最大化したいのであれば、「熱」「理」「情」という3つの条件を充たせばいい。

これはけっして経営を誇張的に単純化していっているのではない。「会社の本質」を突き詰めていくと、最後はこの3つに行き着くのである。

❶「熱」（ほとばしる情熱）

「熱」とは、「情熱」（passion）のことである。

何かを創造しようと思えば、大きな活力、エネルギーが不可欠である。そして、熱はほとばしるほど大きくなくてはならない。

「熱」がなければ、何も始まらない。「熱」がなければ、困難は乗り越えられない。困難を乗り越えられなければ、創造は実現できない。

❷「理」（徹底した理詰め）

「理」とは、「理詰め」（reasonability）のことである。

いくら「熱」が大きくても、独善的ではビジネスはうまくいかない。常に理性的、客観的な視点を保ち、考え抜くことが大切だ。

論理的思考が重要だとよくいわれるが、これも注意が必要である。論理的思考と「理詰め」は同義ではない。

ロジカルに考えることは大事だが、事実による裏付けがなかったり、表面的で底の浅い屁理屈ばかりをこねくり回す危険性も潜んでいる。

お茶の水女子大学名誉教授の藤原正彦氏はこう指摘する。(1)

> 論理というものは、AならばB、BならばC、CならばDというように、鎖をたぐり寄せるようにしてZの帰結に至ります。ところが論理の出発点のAはつねに仮説であって、それが誤っていたら、いくら論理的、合理的思考を積み重ねようと、正しい答えには辿り着けない。

ロジック一辺倒になると、そこから導き出される結論はどうしても同じになってしまう。ビジネスにおいては、論理的な結論は必ずしも戦略的とはいえない。

大事なのは「Logic」ではなく「Think」である。

理詰めとは、事実をもとに「考え抜く」ことにほかならない。

❸「情」（社員たちの心の充足）

「情」とは、「情緒」（emotion）のことである。社員たちの心に働きかけ、充足し、発奮させることなしに、挑戦や創造は起こりえない。

ビジネスはひとりではできない。大きな創造を成し遂げようと思えば、多くの人たちの力が必要である。

そうした人たちの「情」に働きかけ、心を奮い立たせ、ひとつにし、やりがいや生きがいを感じさせることができれば、とてつもなく大きな力になる。

シンプルだが骨太の3つの条件

「生きている会社」をつくる3つの条件をもう少し丁寧に説明すると、次のように表現することができる。

- **「生きている会社」は「熱」を帯びている**
- **「生きている会社」は「理」を探求している**
- **「生きている会社」は「情」に充ち溢れている**

「挑戦―実践―創造―代謝」という会社の基軸を確立し、「生きている会社」をつくるために必要なのは、「熱」「理」「情」のたった3つなのである。

「経営を単純化しすぎている」「経営はそんな簡単なものではない」という批判の声もあるだろう。

しかし、私たちは経営をあまりにも小難しく考えすぎていないだろうか。経営を細かく切り刻み、分解し、個々の「部品」を揃えることばかりに汲々とし、大きな全体像を見失っていないだろうか。

いま日本企業に求められているのは、会社を大局的かつ骨太の視点で見つめ直し、シンプルで力強い「まっとうな会社」へと生まれ変わることなのである。

3つの条件には共通点がある

これら3つの条件と「会社の構造」を形成する3つの視点（経済体、共同体、生命体）の関係性を少し考えてみよう。

3つの条件と3つの視点はダイレクトに紐付くわけではなく、それぞれに影響を及ぼし合っている【図表4◆2】。

しかし、大局的に見れば、3つの条件と3つの視点の太いつながりが見える。

つまり、「熱」は「生命体」からもたらされ、「理」は「経済体」から生まれ、「情」は「共同体」と深く関係する。3つの条件を整えるために、会社のどの構造に着目し、手を打つ

図表4◆2　3つの条件と3つの視点の関係性

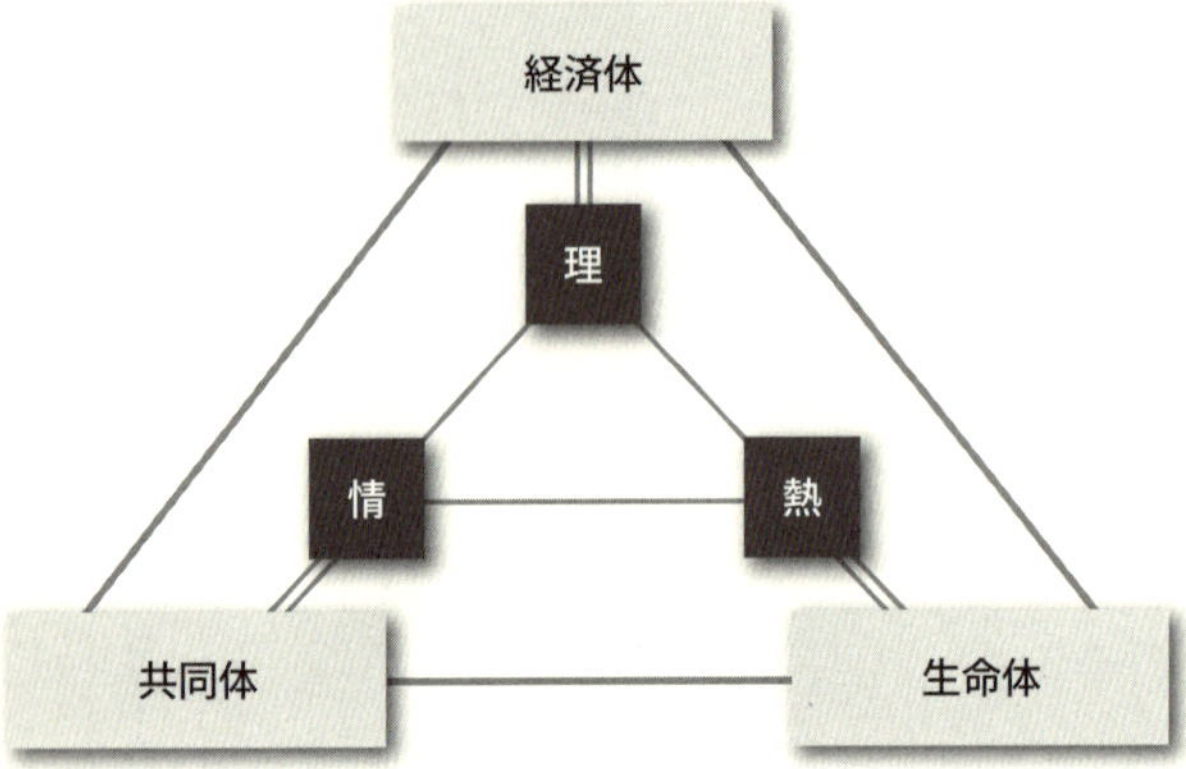

べきかを見定めなければならない。

3つの条件は質の異なるものだが、そこには共通点も2つ存在する。

❶目には見えないが、確かに実在する

ひとつめの共通点は、「目には見えないが、確かに実在する」ことである。

「熱」も「理」も「情」もけっして目には見えない。しかし、誰もが感じるものである。

目に見えないものをコントロールすることは難しいが、経営においては目に見えないものこそが大切である。加護野忠男名誉教授はこう指摘する。(2)

経営の目に見える側面や測定しやすい側面に目を奪われ、客観的には捉えがたい経営精神は軽視されるようになってしまった。

経営者は数字では測れない、もしくは測っては

いけないものを「感覚」としてコントロールする術を身につけなければならない。

❷常に変化し、安定しない

2つめの共通点は、「常に変化し、安定しない」ことである。

会社は「生き物」であり、うつろうものである。「熱」「理」「情」も常に揺れ動く。いまは高い状態であっても、何かの影響で低下し、失うリスクも潜んでいる。逆に、マネジメント次第で、復活し、再生することも可能だ。

目に見えずに、安定しない。「熱」「理」「情」とは会社という「生き物」そのものである。

▼
▼
▼

「形」だけ整えても、条件は充たされない

では、「生きている会社」になるための必須条件である「熱」「理」「情」をどうしたら充足することができるのだろうか。

その具体的なアプローチは次章以降で明らかにするが、その前に念頭に置くべき大切なことがある。それは「形」だけ整えても、これら3つの条件はけっして手には入らないということである。

「熱」を帯びるためには、「会社の目的」を示す理念やビジョンが必要だといわれる。「理」を担保するためには、中期経営計画（中計）の策定が必要だといわれる。「情」を充足する

には、人事制度の見直しが必要だといわれる。

しかし、こうした「形」を整えたからといって、「生きている会社」をつくれるわけではない。逆にいえば、理念や中計、人事制度がなくても、「生きている会社」にはなりえる。

理念があるから「熱」を帯びるわけではない。中計があるから「理」が担保されるわけではない。人事制度があるから「情」が充たされるわけではない。

「生きている会社」になるために必要なのは「形」ではない。

「形」の裏側にある「見えない何か」なのである。

第5章

「生きている会社」は「熱」を帯びている

1 「熱」の正体を突き止める

「熱」がなければ何も始まらない

「生きている会社」になるためのひとつめの条件は「熱」である。

「熱」とは、ほとばしる情熱、桁違いの熱気、並外れた熱意のことである。会社全体が「熱」を帯び、高い「体温」を保っていなければ、創造は生まれない。

経営学の書籍を読んでも、「熱」などという言葉は出てこない。しかし、「生きている会社」をつくるには、「熱」は決定的に重要である。

日本が世界に誇る数学者である岡潔は、創造についてこう語っている。(1)

背骨をビリビリッと電気が走るくらいでなきゃ、創造はできはしませんよ。

……………

30年も経営コンサルタントをしていると、さまざまな会社と出会う。「熱」を帯びた会社もあれば、そうではない会社もある。

「体温」の低い会社の変革を支援するのは、きわめて困難を伴う。戦略云々の前に、まずは「体温」を高めることから始めなくてはならないからだ。

「熱」が失せてしまい「体温」が低いままでは、何も新しいものは生まれない。

創造は「熱」のないところからは絶対に生まれない。自動車がガソリンなしでは走らないように、「熱」というエネルギーがなければ、会社は創造することはできない。

「熱」こそ「デーワン」企業と「デーツー」企業の決定的な差

多くの日本企業が抱える根本的かつ致命的な課題は、この「熱の消失」である。

どんなに立派なビジョンを掲げようが、どんなに精緻な中期経営計画を策定しようが、どんなに組織や制度をいじろうが、「熱」を失ったままでは、結果を出すことは不可能である。

アマゾンのＣＥＯであるベゾスが「デーワン」にこだわる理由はそこにある。「デーワン」企業と「デーツー」企業の決定的な差は、「熱」である。

「デーワン」の会社には何もない。実績もなければ、資産も名声もない。唯一あるのは、未来を創造しようとする「熱」のみである。

しかし、起業初日の初々しくも計り知れない「熱」こそが、「デーワン」企業の最大の優位性であり、目に見えない資産である。「デーワン」とは「ほとばしる情熱」を意味している。

情熱とは威勢のいい言葉を発したり、無闇矢鱈《むやみやたら》に動き回ることではない。真の情熱とは、心の奥底に秘めたものだ。グーグルのエリック・シュミットとジョナサン・ローゼンバーグはこう指摘する。(2)

情熱家はそれを表に出さない。心に秘めている。それが生き方に表れてくる。粘り強さ、気概、真剣さ、すべてをなげうって没頭する姿勢といった情熱家の資質は、履歴書でははかれない。

「熱」とは、人間の内面から沸々とわき上がってくるものである。「熱」があるように装っても、所詮長続きはしない。

「生きている会社」は、「熱量」がとてつもなく大きい

「生きている会社」は、組織全体の「熱量」がとてつもなく大きい。

「組織全体」という点が重要である。会社全体が「熱」を帯び、「熱のかたまり」になっていなければならない。

一方、「死んでいる会社」は「熱量」が乏しい。

なかには、「熱」を帯びた人もいないわけではないが、組織全体の「熱」には広がって

いない。「体温」の低い組織に身を置くと、「熱」を帯びた人もやがて「熱」を失っていく。

企業価値は本来、その会社に内包されている「熱量」で測られるべきである。利益や株価をもとに企業価値を算定したところで、それは実体としての企業価値ではない。

体温計のように会社の「熱量」を測る道具があればいいが、残念ながら会社の「熱量」を実際に測定することはできない。しかし、「熱量」こそが本来の企業価値である。

何かを成し遂げようとする「思い」「志」、どんな困難に直面しても乗り越えていく「愚直さ」「執念」。会社の価値は、「熱量」の大きさで決まるといっても過言ではない。

▼
▼
▼

「熱」を帯びるための3つの論点

会社全体が「熱」を帯び、高い「体温」を保つためには、どうしたらよいのか。その論点は次の3つである。

❶「熱」はどこからくるのか

会社全体が「熱」を帯びようと思えば、まずは「熱」の発生源を探る必要がある。

❷「熱」はどうしたら広がるのか

「熱」の発生源を探り当てることができれば、次にどうすれば組織全体に「熱」を広げることができるのか、組織全体が「熱」を帯びるにはどうすればいいかを考える必要がある。

❸失ってしまった「熱」をどう取り戻すか

「熱」を失ってしまった会社はどうすればよいのか。一度喪失した「熱」をどうしたら再着火できるのかも重要な論点である。

社外取締役などの仕事を通じて、私の身近にある会社の具体例を取り上げながら、「熱の正体」について考えてみたい。

2 「熱」はどこからくるのか

求心力としての「会社の目的」

日常のビジネスにおいてあまり意識することはないが、会社にとって、「会社が存在する目的」はとてつもなく重要である。

「何のために会社は存在するのか」「社会に対してどのような役に立ちたいのか」「自分たちは何のために働くのか」が明確でなければ、「熱」など生まれるはずもない。

フェイスブックの創業者であるマーク・ザッカーバーグは、ハーバード大学の卒業式でこう語った。(3)

> 僕らは、大きな目的に向かって進むことが必要だ。大きな目的に進もうとすると、狂人扱いをされてしまう。「何をやっているのかわかっていない」と非難される。でも、事前に全部わかっているなんてことは不可能だ。ミスを恐れるあまり、何もしないでいたら、結局何もできなくなる。(中略)みなが目的を持って取り組むこと。みなが目的を持てるようにすること。それが大切なのだ。

会社は目的のために存在する。その目的に共感する人たちが集まり、社員一人ひとりが「会社の目的」と連動する自分なりの目的をもち、その実現に向けて日々実践に励む。「生きている」とはそういうことである。

「会社の目的」は、組織の「熱源」であり、「中心」であり、求心力である。

「中心」が定まっている会社は強い。一人ひとりの力は小さくても、それらがひとつの方向に収斂し、増幅すれば、大きな「熱」を生み、とてつもなく大きな力に変わる。

▼▼▼

個の思いから始まる

会社は草花のように自然に存在するわけではない。誰かが意志をもって会社を立ち上げる。その意志、個の思いこそが「会社の目的」である。

個の思いとは、「主観」である。

人々をこうやって幸せにしたい、ワクワクするような未来をつくりたい、世界をこう変えたい……。最初は夢物語と思われるかもしれない。周囲からは「ホラ吹き」と呼ばれるかもしれない。

しかし、誰かが何かを始めなければ、何も変わらないし、何も新しいものは生まれない。夢や理想を本気で語るからこそ、「熱」は発生する。現実や理屈だけを語っても、「熱」にはならない。圧倒的な一個の主観は、軟弱な数千、数万の客観を駆逐する。

会社が「熱」を帯びるためには「種火」が不可欠である。

「種火」は大きくなくてはならない。ほとばしるほどの情熱でなくては、飛び火しない。

「熱」が充満し、「熱量」が大きな会社も、最初から「熱」を帯びているわけではない。個人の強烈な思いが「種火」となり、それが他者へと広がり、組織の中に充満していく。

「種火」が大きければ、広がる範囲も勢いも大きくなる。

偉大な経営者は、例外なく大きな「種火」を抱えている。石川島播磨重工業や東芝の社長を歴任し、経団連会長も務めた土光敏夫はこう語っている[4]。

私たちは、ごくわずかだが、〝火種のような人〟がいることを知っている。自ら、カッカッと火を発し燃えている人だ。その人のそばにいると、火花がふりかかり、熱気が伝わってくるような感じを受ける。

実は、職場や仕事をグイグイ引っぱっているのは、そんな人だ。そうして、まわりの人たちに、火をつけ燃えあがらせているのも、そんな人だ。

「種火」となる個の思いに吸い寄せられるように、共感する人たちが集まり、仲間になる。個の思いへの共感は、やがて組織の共通目的へと昇華し、組織の「中心」となる。共感性の高い共通目的こそが、「熱源」なのである。

なぜフェイスブックは社是を変えたのか

フェイスブックは2017年に社是を変更した。同社は2004年の創業以来、「世界をよりオープンで、よりつながった場所にする」という社是を掲げてきた。「つながる」がフェイスブックという会社の目的だった。

CEOのザッカーバーグは、10年以上大事にしてきた社是を「コミュニティを築く力を与え、世界の絆を強める」に変えた。

英国のEU離脱や米国でトランプ大統領が当選したことなどにより現実社会が分断されることを危惧したザッカーバーグは、自分たちの役割をたんに「つなげる」から「絆を強める」に変えると決意したのである。ザッカーバーグはこう語っている。(5)

人々がつながるのを助け、意見を表明する場所を提供すれば、世界は自然とよくなると思っていた。だが、社会はいまだに分断されている。我々にはやるべきことがもっとあると確信するようになった。

……………………

フェイスブックは取り巻く環境の変化に合わせて、自分たちの役割や会社が存在する目的を変えた。それはザッカーバーグの信念であり、決意である。それが新たな「熱源」となり、フェイスブックの「熱」は絶えることがない。

▼▼▼

思いが「お飾り」になってしまっている会社が多い

いまの日本に、フェイスブックのように本気で理想や目的を熱く語る会社がどれほどあるだろうか。会社の目的や使命が言葉としては存在していても、たんなる「お飾り」になってしまっている会社がじつに多い。

「会社の目的」は、いろいろな言葉で表現される。

歴史ある会社では、創業者たちの思いや信念が「企業理念」「ミッション」「ビジョン」などの言葉で表現され、残されている。そこには、それぞれの会社がめざしている姿が語られ、会社が存在する目的が示されている。

しかし、多くの会社ではそうした言葉は額縁に入れられ、会議室などに飾られてはいるが、埃をかぶり、色褪せたまま眠っている。誰も見向きもしない、たんなる「お飾り」になってしまっている。

慶應義塾大学の清水勝彦教授は、経営理念やビジョンのことを「玄関の傘たて」と表現する。「どこの家にも同じようなものがあり、あったほうがいいけど、なくてもそれほど困らない」ものだと指摘する。(6) 現実を見る限り、その指摘はそのとおりである。

だが、これは会社にとっては忌々しき状態である。「生きている会社」にとって不可欠である「熱」をもたらす「熱源」が錆ついているのである。

これでは会社の求心力が働かず、会社が「熱」を帯びることは困難である。

▼▼▼

言葉がただあるだけでは「熱」は生まれない

創業者たちの思いや信念は、言葉として表現される。言葉にしなければ、人に伝えることができず、世代を超えて継承することができない。

しかし、言葉では表現できないもの、継承できないものがある。

それが「熱」である。

会社を創業した当時の熱気や高揚感は、それを実際に体験した者でなければ感じ取ることができない。清水勝彦教授は、思いの共有の難しさをこう指摘する。(7)

> 結局、経営理念、価値観、ビジョンというのは、言葉で表されていても、その本質は言葉ではなく、言葉の背景にある気持ち、感情、高揚感なのだとわかります。(中略)経営理念があるとか、ないとか、ビジョンが明確だとか、明確でないとかというのは、本当はあまり意味のない議論です。大切なのは、経営理念、ビジョンの意味を自ら実感・共感できるかどうか、イメージできるかどうかということであり、納得することとです。ですから、言葉だけでなく、その背景、ストーリーを語らなければ、理念の共有は難しい。
>
> 逆に言えば、言葉なんてどうでもいいのです。

この指摘は鋭く本質を突いている。創造を成し遂げようとする会社にとって必要なのは、言葉ではなく「熱」である。

言葉がただあるだけでは「熱」は生まれない。

その言葉をどのように表現し、どのように伝えたら、社員一人ひとりが「熱」を帯び、自らの意志で行動するようになるのか。人をその気にさせ、人を動かすのは、人の「熱」である。

強烈な主観と「熱量」で成長を続けるマザーハウスの事例を見てみたい。

ケース❶

経営者の信念と行動で会社を引っ張るマザーハウス

マザーハウスは2006年3月、山口絵理子氏が24歳のときに立ち上げた。彼女は慶應義塾大学で開発経済学を学び、米国の米州開発銀行でインターンとして働いた。そのときに、国際機関の途上国援助のあり方に大きな疑問を抱いた。

現場にも行かず、途上国の実状もわからずに、机上の空論の政策をつくることだけに専念するエリートたちを見て、「私の仕事はここで書類をつくることではない」と気づいた。

そして、アジア最貧国のひとつであるバングラデシュに飛び込んだ。

現地の大学院に通いながら、途上国の実態を自分の眼で確かめ、自分に何ができるのか、何をすべきかを考えた。

彼女はバングラデシュの特産品であるジュート（麻の一種）に出会った。

地元の工場は劣悪だった。非人間的な環境で、安かろう悪かろうの製品を大量生産する工場を見て、「この人たちがつくれるモノって、本当にこれが限界なんだろうか。チャンスさえあれば、もっとできる。もっと大きな可能性があるんじゃないか」という感情が沸々とわき上がってきた。強烈な感覚が彼女の胸の中で大きくはじけた。

彼女はいわゆる「フェアトレード商品」に否定的だった。「かわいそうだから買って」というメッセージにはまったく共感できなかった。

自ら現地に飛び込み、現地の人たちと触れ合ったからこそ、彼女は途上国の可能性を肌で感じていた。

彼女は自分の使命を見つけた。

真に競争力のある付加価値の高い商品を途上国から世界に展開することができれば、社会や経済の構造はきっと変わっていく。それは援助よりも持続的で、より多くの笑顔をつくれるはずだ——。

そして、彼女は会社を立ち上げた。

「途上国から世界に通用するブランドをつくる。」を理念として掲げた。大学時代の先輩で、ゴールドマンサックス証券に勤めていた山崎大祐氏が副社長として参画し、二人三脚の体制を築いた。

それから10年以上が経過したが、マザーハウスの理念の実現は茨の道である。

誰もが共感する理想を掲げても、現実を見れば、インフラも整備されておらず、品質管理の仕組みや訓練された人材もいない途上国で、先進国の消費者が欲しいと思う質の高い商品をつくるのはとてつもなくハードルが高い。

難問が次々にマザーハウスを襲う。トラブルや混乱、挫折は日常的に起きる。

しかし、それが彼女を強くし、会社を鍛え、人を育てる。

いまでは、バッグを生産するバングラデシュの自社工場の社員は200人を超えた。日本国内の自社店舗は20を超え、台湾、香港にも店舗を構えている。

バングラデシュ以外の国々でも、途上国の可能性を掘り起こしている。ネパールでストールを生産し、インドネシア、スリランカではジュエリーを生産している。インドでファブリック（衣料品）の生産も始めた。

日本をはじめとする先進国の目の肥えた消費者が「欲しい」と感じる高い品質とデザイン性を兼ね備えた商品が途上国から生まれている。そして、生産に携わる途上国の人たちに、大きな自信とプライドが芽生えている。

日本でもマザーハウスの理念に共感する人たちが、続々と入社してくる。大企業を辞めて、飛び込んでくる人たちも増えている。

経営者は理想を語るだけではダメだ。自らがまず動き、挫折をし、失敗も経験する。それでもあきらめずに前に進もうとする姿を見て、人は共感し、自らも動こうとする。

小さなこの会社が教えてくれることは、とてつもなく大きい。

▼▼▼

経営トップが「火だるま」になるしかない

会社が「熱」を帯びる方法、それはたったひとつしかない。

経営トップが自らが信じる「会社の目的」や「思い」「信念」を自らの言葉で語り、自ら汗をかき、行動することである。

最近の日本企業の経営者は、中期経営計画を策定したり、M&Aを繰り返したり、「稼ぐ力」を高めることには熱心だが、会社の理想や夢を語ることには不熱心である。

「会社の目的」すなわち「自分たちは何のために存在するのか」を語ることは、経営トップにしかできない。

その仕事を軽視したり放棄していては、会社が「熱」を帯びることはありえない。社員たちに熱気、熱意が足りないと感じるのであれば、その原因は経営トップ自らにある。

ただし、「会社の目的」を社員たちに押し付けてはいけない。言葉だけが上滑りして、社員たちの心に響かなければ、社員たちは行動しない。

大切なのは、社員たちの心の内側からわき上がってくる内発的エネルギーを引き出すことである。

そのためには、「会社の目的」を言葉で語るだけでは不十分だ。

社員たちは経営トップの本気さと覚悟を見ている。「大阪維新の会」を立ち上げた前大

阪市長の橋下徹氏は、リーダーシップの本質についてこう語っている。(8)

重要なのは、多くの有権者が変えたいと思う「社会の壁」を政治家が提示し、壁を乗り越えようと挑むことです。口先だけではだめ。死にもの狂いで行動する。

…………………

自らが火だるまになって、自らが信じることをやり遂げようとしているか。「熱」はその行動から生まれ、社員たちへと波及していく。

3

「熱」はどうしたら広がるのか

▼▼▼

理念を何度唱えても、「熱」にはならない

いくら「種火」があっても、それだけでは会社全体が「熱」を帯びるようにはならない。会社の規模が大きくなればなるほど、「熱」を広げることは難しくなる。

しかし、ここで手を抜いてしまったら、「生きている会社」には到底なりえない。

100年以上続くある大手企業が経営理念を刷新した。新たな時代に合った未来指向の理念に変更し、「第二の創業をめざす」と経営トップは語った。

理念をつくる際には、社員からのさまざまな意見も取り入れた。社歌もリニューアルし、毎朝体操をしながら社歌を歌い、仕事に入るという。

このやり方が悪いというつもりはない。しかし、本当にこれでこの会社は「熱」を帯びるのだろうか。私には疑問である。

まず理念を策定するのに、社員の意見を聞く必要などない。理念は会社の存在理由であり、会社の「中心」である。それは経営トップが自らの心に問いかけ、決すべきものである。

策定した理念を毎朝全員で唱和したり、社歌を歌ったりすれば、新しい理念を「覚える」ことにはつながるかもしれない。

しかし、理念を覚えたところで、「腹落ち」しなければ社員たちの行動を変えることにはつながらない。それでは理念を変えてもまったく意味がないのだ。

「熱源」を増やし、会社全体に広げる

「熱」を会社全体に広げるには、より多くの「熱源」が必要となる。組織が大きければ大きいほど、「熱源」の数は多くなくてはならない。

たとえ「火だるま」のような経営者がいても、経営者ひとりが「熱源」でありつづけることは困難である。

会社の理念は共有するものではない。たんなる共有であれば、冊子を配布したり、理念を全員で唱和したりすれば、言葉は覚えるかもしれない。しかし、共有しただけでは「熱」は生まれず、社員たちの行動は変わらない。

共有を超えて、「熱」を生み出すためには、経営者の「分身」、すなわち理念の「宣教師」を育てる必要がある。

「宣教師」を増やすことが、「熱源」を増やすことにほかならない。

「宣教師」を育てるには、次の3つのステップを踏むことが必要になる。

❶「共有」から「共感」へ

人が行動を変えるには、「共感」が必要である。

「共感」とは、頭で理解するのではなく、「心で感じる」ことである。

経営者の強烈な思いやほとばしる情熱が社員に突き刺さり、心に届く。経営者の「熱」が「飛び火」し、社員たちはその理念の実現に向けて動き出す。

フェイスブックのザッカーバーグが打ち出した新しい社是は、社員たちの心に再び火をつけることに成功している。それは社是そのものの共感性が高く、さらにザッカーバーグが本気であることを社員たちは知っているからだ。

❷「共感」から「共鳴」へ

「共有」から「共感」へのステップは、「行動を促す」という意味では重要である。しかし、この時点では、一人ひとりの社員はまだ理念との一体化には至っていない。

経営者の「熱」は伝わってはいるし、行動も起こしているが、心の底から信じるまでにはなっていない。その壁を乗り越えるために必要なのが、成功体験である。

「共感」した理念にもとづいて自ら動くことによって、成果を生み出し、成功体験を積むことによって、「共感」は「共鳴」へと深化する。成功体験によって理念との一体化が加速するのだ。

❸「共鳴」から「共振」へ

「共鳴」した社員たちは、自らが「熱」を発するようになる。つまり、社内に「宣教師」が誕生する。

「宣教師」が生まれると、理念を自らの口で語り、ほかの社員たちを啓蒙するようになる。理念を実践し、成功体験を積んだ社員たちが、理念そのものになる。それを「共振」という。

「共振」に達すると、社内のあちらこちらに「熱源」ができる。そして、「熱」はいっきに組織内へと広がっていく。会社の熱量はいっきに高まり、会社全体が「熱」を帯びていく。

現場に立脚したユニークな研修で「宣教師」を育成するマザーハウスの取り組みを見て

みたい。

ケース❷

社員を「熱源」へと変えるマザーハウスの現場研修

マザーハウスでは「ファクトリービジット」という研修を行っている。

これは店長、マネージャークラスを生産現場である途上国に送り込み、マザーハウスの理念を「体感」してもらうための研修である。

マザーハウスで働く人たちの大半は、同社の理念に共感して入社してくる。しかし、それだけでは理念を頭で理解しているにすぎない。

「途上国発のブランドをつくる。」とはどういうことなのかをより深く考え、腹落ちさせるには、実際に途上国に赴き、自分の眼で見て、自分の耳で聞いて、自分の肌で感じるしかない。

私自身もこの研修に同行させてもらい、ネパールを訪問した。

店長たちは途上国の現実を目の当たりにし、大きな衝撃を受ける。前近代的な工房や工場を訪ね、実際に職人たちと一緒にモノづくりも体験する。片道数時間のデコボコ道を走り、山奥の蚕の生産地にも行く。

日本の工場のように恵まれた環境ではないし、言葉だって通じない。でも、店長たちは職人たちにいろいろな質問を投げかけ、交流しようとする。

店長たちの様子が毎日少しずつ変わっていくのを私は見逃さなかった。

マザーハウスという会社が途上国で何をしようとしているのか、それにはいったいどんな意味があるのかを自分の頭で考え、自分なりの答えを見つけようとしていた。

「共感」は「共鳴」、「共振」へと深まり、一人ひとりが「熱源」になっていく。山口絵理子社長はブログの中でこう語っている。


「国際社会から見れば、ジョグジャカルタやカトマンズ、コロンボなんてメジャープレイヤーになれずに何の存在感もない。このままでは押しつぶされ、流されてしまう。非常にミクロな現場に立ち、思うこと。それは、強い、弱い、大きい、小さいという経済的な尺度ではけっして計れない『個性』の美しさ。そこに気がつけたら、世界はきっともっと輝くはずだと私は思う。そんなことをちょっとでも感じてくれたらと願いつつ、これからもこの研修は続けていきたい」


「熱」は言葉や理屈だけでは伝わらない。

現場に身を置き、自分の心で感じ、自分の頭で考え、自分自身で腹落ちさせる。それができれば、今度は自分自身の言葉で語りはじめる。

「熱」はそうやって広がっていくのである。

4 失ってしまった「熱」をどう取り戻すか

「熱」を取り戻すことはできる

すでに述べたように、会社は老化とともに「熱」を失っていく。

「熱」を失わないように、「デーワン」の状態を保つことが何より重要だが、はたして一度失った「熱」を取り戻すことはできるのか。

答えは「イエス」である。

「熱」を失った会社に再着火するのは簡単なことではないが、再び「熱」を帯びた会社へと再生させることは可能だ。

そのためには、次の2つのアプローチがある。

会社に「熱」を取り戻す①——原点に戻る

ひとつめのアプローチは、会社の創業の「原点に回帰」することである。

会社が誕生した「デーワン」のときの目的や理想に立ち返り、もう一度原点を問い直し、社内に浸透させ、「熱」を取り戻すことである。

どの会社も創業当初には高い志があったはずである。それが徐々に薄れ、いつの間にか消え失せてしまう。

環境に適合することばかりに目が行き、「何のためにこの会社は生まれたのか」という原点を見失ってしまう。「熱」を取り戻すひとつの方法は、原点に立ち返ることである。

創業の原点に戻ることによって「熱」を取り戻した良品計画の事例を見てみよう。

ケース❸

薄らいだ思想を掘り起こし、前進する良品計画

良品計画は「無印良品」を展開する会社である。「無印良品」は西友のプライベートブランドとして1980年に誕生し、1989年に西友から独立した。

当時のキャッチフレーズは「わけあって、安い」。消費社会へのアンチテーゼとして誕生し、「感じ良いくらし」の実現を提案している。

生活の基本となる本当に必要なものを、本当に必要なかたちでつくる。そのために、素材を見直し、生産工程の手間を省き、包装を簡略にするなど、シンプルで美しい商品として多くの人々から支持されている。

国内のみならず、海外でも「MUJI」ブランドとして人気が高まり、海外の店舗

数は日本国内を超えた。インターブランドジャパンによる「Japan's Best Global Brands」（2017年）で19位にランクインした。

2020年度には営業収益5000億円、営業利益600億円、ROE15％以上、世界店舗数1200店舗を目標として掲げている。

いまでこそ順調に発展、成長する良品計画だが、2001年ごろは業績が悪化し、赤字に転落、リストラせざるをえない厳しい状況に追い込まれた。

金井政明会長は当時の状況を「思想が薄らいでしまった」と表現する。

商品開発の考え方がぶれはじめ、目先の収益を確保するために時代に迎合するような「無印良品」らしくない商品が増えてしまった。それが消費者から見透かされ、支持を失っていった。

金井会長は「こういう時こそ『無印良品』の原点に立ち返ることが重要だ」と考えた。そして、外部のデザイナーらで組織する「アドバイザリーボード」と経営陣との交流を復活させた[9]。

「無印良品」を立ち上げた当時は、田中一光氏など一流のクリエイターたちが大きな役割を果たした。「無印良品」という思想が常に商品開発に反映され、「無印良品」らしい商品が世に送り出されていた。

しかし、約20年が経過し、その思想と経営陣や幹部との間に溝ができてしまっていた。再開した話し合いの場で、当初の思想を再確認し、会社のど真ん中に据え直した。

良品計画の再浮上はここから始まった。金井会長はこう語る。(10)

「私が社長を務められるのは、良品計画には『無印良品』という素晴らしいコンセプトがあるからです。ゆるぎない思想を抱えています。(中略)私は、この思想をみんなが理解して、探求心を持って楽しむことしか、良品計画という会社が成功する道はないと思っています」

多くの会社では、創業者がカリスマとして崇拝される。つまり、人がカリスマになっている。

しかし、創業者が退任すると、その思想は徐々に薄らいでしまい、形骸化していく。良品計画は人ではなく、思想そのものをカリスマにしようとしている。

そうすることで、リーダーが代わっても思想は生き延びていく。その思想を引き継いだ人が、次のリーダーとして思想を継承していく。

普遍性の高い思想をすべての社員たちが信じ、共感し、実践する組織は間違いなく永続する。

会社に「熱」を取り戻す②——新たな理想を掲げる

2つめのアプローチは、過去に遡るのではなく、未来指向で新たな理想を掲げることである。新たな経営環境に適合するために、会社をトランスフォーム（変身）させることである。

フェイスブックが新たな社是を掲げたように、新たな時代における自分たちの使命、存在価値を再定義し、新たな理想を掲げる。新たな「デーワン」を打ち出した会社はワクワク感を取り戻し、新たな「熱」が注入されていく。

不連続性の高いビジョンを掲げ、未来を切り拓こうとするSOMPOホールディングスの取り組みを見てみよう。[11]

ケース❹

新たな理想を掲げ、脱皮するSOMPOホールディングス

損害保険大手のSOMPOホールディングスは、「安心・安全・健康のテーマパーク作り」を新たなビジョンとして掲げ、会社を丸ごとトランスフォーメーション（変身）させようとしている。

「『昔、SOMPOは保険会社だったらしい』と言われたい」というのが、グループの変身を牽引する櫻田謙悟グループCEOの口癖である。

人口減少と少子化が進行する国内の保険市場は成熟化し、そこにしがみついていたのでは成長は見込めない。そこでSOMPOはこれまでの経営の枠組みを破壊し、まったく違う会社に「生まれ変わろう」（reborn）としている。

その柱のひとつが、介護事業への参入である。ワタミ、メッセージの介護事業を立て続けに買収し、国内では2番手の大手事業者になった。

その背景にある戦略は、「顧客と接する時間を増やす」ことである。

保険ビジネスは顧客との接点が限定的で、「オン」と「オフ」の差が激しい。「オン」の時間を増やし、顧客をサポートする時間を増やすことが、新たなサービスの創造につながる。介護に限らず、顧客が「安心・安全・健康」な生活を送るための多様なサービスを提供しようというのが、SOMPOのテーマパーク構想である。

その実現の鍵を握るのがデジタル戦略である。

ただ、たんに新規分野に参入するだけでなく、先進的なデジタル技術を駆使して、新たなサービスを展開したり、現場の生産性を飛躍的に高めることに挑戦している。

また、海外に成長を求める戦略にも余念がない。2017年には農業保険などに強みをもつ米国のエンデュランス・スペシャルティ・ホールディングス（現SOMPOインターナショナル）を買収した。ここでも、デジタル技術と組み合わせることによって、利益をさらに伸ばすことを狙っている。

新たなビジョンを実現するための組織づくりにも工夫を凝らしている。

国内損保、国内生保、介護・ヘルスケア、海外保険の主要4事業に「事業オーナー」を任命している。

各事業オーナーは数十億円までの投資は自ら決める権限を有し、それぞれの事業価値の最大化に邁進する。組織の遠心力を思い切り働かせ、スピーディかつダイナミックに事業展開する体制を敷いている。

実際、2018年1月には米国のLexon Surety Group, LLC傘下の保証保険事業会社を、SOMPOインターナショナル主導で買収した。

その一方で、各事業に共通する機能についてはCFO（最高財務責任者）やCDO（最高デジタル責任者）などのC×O制を導入し、グループの求心力として横串を通している。

2016年にCDOとして外部から参画した楢崎浩一常務執行役員は、シリコンバレーでベンチャー企業の経営をした経験をもっている。

採用時に、櫻田CEO、西澤敬二損保ジャパン日本興亜社長と面談した際、彼はその印象をこう語っている。[12]

「ああこの人たちは本気だ。これほどの大企業のトップが危機感を持ち、本当に会社全体や社会を変えようと考えているんだ。こんなトップに誘われるなんて男冥利に尽きる」

デジタル技術が会社や社会を変えるのではない。

「変えたい」「変えよう」という人間の強烈な意志とほとばしる情熱が、会社や社会を変えるのである。

第6章

「生きている会社」は「理」を探求している

1 「理」の正体を突き止める

会社は「合理的な存在」でなくてはならない

創造するためには「熱」が不可欠である。「熱」がなければ、勇気はわき上がってこず、挑戦する気概は生まれてこない。「熱」こそが創造の原点である。

しかし、「熱」だけでは創造は為しえないのも事実である。熱い気持ちだけが空回りし、無為にエネルギーや資源、時間を浪費しても、創造にはつながらない。

経済活動を営む会社は、「合理的な存在」でなくてはならない。熾烈な競争に打ち勝ち、創造という目的を果たすには、時に冷徹、冷淡なほど理詰めでなくてはならない。

時代の大きな流れや顧客の動向を冷静に読み解き、自社の強みや弱みを客観的に考察し、「これなら勝てる」という合理的なシナリオを描き、「これなら結果が出る」という合理的な方法で実行する。そのために、必要な情報を泥臭く集め、多面的に分析し、深く考察する。

創造するためには、「理」を探求する粘り強い努力と卓越した知的能力が不可欠になる。

会社には「熱」を帯びた合理性が不可欠

「熱」は時に暴走する。過去の成功体験を否定し、不連続の創造を成し遂げるには、時に暴走と思われるほどの英断も必要となる。

しかし、それは「制御された暴走」でなくてはならない。

暴走をコントロールできず、会社を破綻に追い込むような状況は、絶対に招いてはならない。エンジンに「冷却装置」が必要なように、会社も常に「理」を探求しなければならない。

時代を切り拓いた偉大な経営者たちは、おしなべて「理」の重要性を認識している。「熱」のかたまりのような本田宗一郎は、こうも指摘している[1]。

人間の価値は物事を理論的に考え合理的に処理する知恵と能力に比例する。

「熱」と「理」は対立するものではない。何かを成し遂げようとする「熱」があるからこそ、その対象や道筋を合理的、理詰めに考察することが大切になる。

会社には「熱を帯びた合理性」が不可欠なのだ。

▼▼▼

机上の理屈ではいけない

「理詰め」とは、たんに机上で理屈に合っていることではない。

きわめて多くの会社の戦略が、表面的な理屈合わせに終始し、真の合理性が担保されていない。一般的なデータや二次情報、三次情報だけに頼り、理屈だけをこねくり回そうとするから、机上の空論に陥るのである。

真に理詰めであろうとするならば、大切なのは現実と向き合い、「事実」(fact)に徹底的にこだわることである。

一次情報にこだわらなければ、リアリズムのある「理」にはなりえない。底の浅いロジックよりも、たとえ断片的ではあっても「決定的な事実」(conclusive fact)こそが「理」を担保する。

マザーハウスがいま取り組んでいる「途上国から世界に通用するブランドをつくる。」という理念は、一般的なものさしに照らし合わせれば、合理的なものとは言えないだろう。インフラも整備されておらず、品質管理レベルも低く、人も育っていない途上国で、先進国の消費者が買いたいと思う商品をつくるというのは、非現実的であり、合理的とは思えない。

しかし、山口絵理子社長は自らバングラデシュで生活をし、ジュートという素材と出会い、ベンガル人の勤勉さ、手先の器用さを見つけ出した。机上の空論ではなく、実体験を通じた事実にもとづく自らの直感を信じた。

彼女がやっていることには、厳然とした根拠がある。一見無謀に見えるが、じつはきわめてリーズナブルに判断し、行動している。

現在の「理」は、必ずしも未来の「理」ではない。彼女は未来の「理」に賭け、試行錯誤しながら成果を生み出している。

真に「理詰め」であるためには、現場・現物・現実を重視する「三現主義」を経営の根底にしっかりと据えなくてはならない。

会社の「身体性」を高め、現場で動き回り、現実を直視し、事実をもとに考えることこそが、「理」を担保する唯一の方法である。

▼
▼
▼

「理詰め」で高収益企業へと変身したカルビー

「理詰め」とは何か、事実を直視するとはどういうことかを教えてくれる好例が、カルビーの再生である。(2)

7期連続で増収増益を続け、食品業界における高収益企業である同社だが、現会長兼CEOである松本晃氏が経営トップに就任したときには、低収益で喘いでいた。

「シェアがこんなに高いのに、この会社はなぜ儲からないのか」という松本氏の素朴な疑問から再生は始まった。

各種の経営数字を丹念に見ていくと、その原因が浮き彫りになってきた。最大の要因は製造原価の高さにあった。当時の製造原価率は65％で、競合他社と比べて13％も高かったのだ。

その要因は全国に17ヶ所ある工場の稼働率が平均60％しかなかったことによる。つまり、工場をつくりすぎて、供給過剰に陥り、固定費がかさみ、儲からない構造になっていた。コストが高いため、カルビー商品の価格は競合商品よりも15〜20％程度高く、シェアも低下傾向だった。販売ボリュームが減れば、工場の稼働率は下がり、コストはさらに高くなるという悪循環に陥っていた。

松本氏はまず変動費の削減に着手した。固定費はすぐには下げられないので、まずは原料や資材を本社の集中購買に変えるなど、変動費を徹底的に見直す取り組みを開始した。

そして、変動費の削減によって製造原価が下がれば、それを商品価格に反映させ、消費者に還元した。すると、販売量が増え、生産量も拡大し、工場の稼働率は大幅に改善した。現在の稼働率は平均90％以上にまで高まっている。

65％だった製造原価率は55％にまで下がり、その差分はそのまま営業利益率の向上に結びついている。こうした事実をもとにした「理詰め」のアプローチによって、カルビーは12％近い営業利益率を上げる高収益企業へと変貌した。

カルビーの再生に「マジック」はない。

数字と事実を直視し、そこから浮かび上がってきた問題点をひとつずつ解決する。全体の大きな道筋を示し、「理詰め」で実行を積み上げていく。

それこそが「ロジック」である。

道理や倫理を無視した「理」はありえない

「理」とは短期的な経済合理性だけを意味しない。社会の中で生かされる存在である会社は、より大局的な視点で「理」を考えなくてはならない。

「理」とは本来、物事の大きな筋道、道理を大事にすることである。

にもかかわらず、ビジネスの世界ではいつしか短期的な経済合理性だけを意味するようになってしまった。儲かるか、儲からないか、そんな単純な底の浅い合理性だけがまかり通っている。

経済合理性を否定しているわけではない。しかし、目先の経済合理性だけで物事を判断するのであれば、それはたんなる金欲主義にすぎない。人間が幸せになるために存在するという会社の本分を脇に置き、誰もリスクをとって挑戦しなくなってしまう。

矮小化された「小さな合理性」にとらわれるのではなく、大局的な「大きな合理性」で物事を見ることが重要である。「大きな合理性」が担保されていれば、必ず結果はついてくる。

「理」とは善、規範、大義、人の道なくしてはありえない。
「理」の根底には、常に道理、倫理がなくてはならないのだ。

2 戦略レベルの「理」を担保する

戦略とは「差別化のシナリオ」である

経営における「理」は、次の2つの側面で捉える必要がある。

・戦略レベルの「理」
・実行レベルの「理」

戦略レベルの「理」とは、会社は「何を営むべきか」という大きな事業の方向性を定める段階において「理詰め」でなくてはならないということである。

会社は事業を営んでいる。どの事業を選択するかは、会社の意志そのものであり、経営においてきわめて重大な決断である。

会社の目的は、経営者の主観によって決まる。そして、その主観の強さによって「熱」が生まれ、創造の原動力となる。

しかし、主観や「熱」だけでは経営はできない。

「熱」は主観によってもたらされるが、戦略は客観によって担保する必要がある。冷静、時には冷徹、冷淡なほど、合理的な眼で戦略を吟味する必要がある。

戦略を一言で表現するならば「差別化のシナリオ」である。

競合他社が実現できない独自性の高い差別化とは何か。それを明確にし、絞り込むのが戦略である。

差別化が実現可能な事業は何か。その事業において、具体的にどのような差別化された価値を生み出すのか。コストで差別化を実現するのか、それとも付加価値で差別化を生み出すのか。そうした検討を客観的に行い、自社にとって最も合理的な戦略を策定することが求められる。

そのためには、会社を取り巻く環境や競合状況、顧客のニーズの変化、そして自社の強み・弱み、経営資源などを客観的に分析し、冷静かつ冷淡に考察する必要がある。

差別化が実現可能な合理的なシナリオがなければ、創造を生み出すことはできない。

真の差別化とは、模倣困難性を確立すること

差別化の実現といっても、競合他社が簡単に真似できる差別化では意味がない。差別化は持続的でなければならない。

真の差別化とは、模倣困難性を確立することである。

競合他社が簡単には真似ができないほどの深さやユニークさとは何かを定義し、確立することが、戦略の目的である。

模倣困難性はブラックボックス化しなければならない。

たとえば、同じような設備を使い、同じようなプロセスで類似の商品をつくっているにもかかわらず、性能や品質に決定的な違いがあらわれる。そこにはブラックボックス化した技術や技能、ノウハウが潜んでいる。

情報化社会が進展し、ほとんどの情報が簡単に入手できるようになった。それにより、模倣ははるかに容易になってきている。

しかし、99％は真似することができても、残りの1％の有無が決定的な違いを生み出す。その1％こそが優位性の源泉であり、会社にとってきわめて重要な知的資産となる。

▼▼▼

「戦略的な理詰め」を生み出す4つの要諦

持続的な差別化を実現する選択肢は多様である。

それらの選択肢から最も差別化の実現可能性が高いものを選択し、そこに経営資源を集中させる。それが「選択と集中」という考え方である。

それは別の言い方をすれば、「捨てる」ことである。

会社の経営資源には限りがある。また、それぞれの会社には強みもあれば弱点もある。

そうした要素を勘案し、「自分たちは何をやらないのか」を決めることが戦略の鍵である。

高い成長が期待できる分野であっても、差別化の実現、すなわち模倣困難性の確立が難しいと判断すれば、あえて参入しない、もしくは撤退するという経営判断が求められる。

経営資源が無限であれば、何も悩む必要はない。

しかし、現実には経営資源は有限である。限られた経営資源をどこに振り向けるべきか。

それによって、差別化が実現できるかどうかが決まる。

資源配分は「傾斜」させてこそ意味をもつ。

何の意志もなく、機械的に均等に配分するのであれば、経営者はいらない。何かを「捨てる」からこそ、貴重な経営資源をほかに振り向けることができる。

しかし、「選択と集中」を実行し、「傾斜」資源配分を行っても、戦略レベルの「理」が

自動的に担保できるわけではない。トム・ピーターズとロバート・ウォータマンはこう指摘する。(3)

> 教科書どおりの正確かつ合理的な道を歩んで、ひどく道を誤った会社は枚挙にいとまがない。

…………………

底の浅い合理性は危険である。では、「真の合理性」とは何なのか。「戦略的な理詰め」とは何を意味するのか。

そのための４つの要諦について考えてみたい。

▼▼▼

要諦１ 「適社性」を重視する

日本企業にも「選択と集中」という考え方は浸透してきている。

かつては、多角化という名の下、可能性のある事業であれば何にでも手を出すという会社が多かった。

その結果、事業分野は広がるが、どれもこれも中途半端な事業で終わってしまい、真に差別化された事業は生まれなかった。「総合」という名の下で、「総花」的な経営に陥っていたのだ。

そうした反省のもと、多くの日本企業は「選択と集中」に舵を切った。

冷静に考えれば、経営において「選択と集中」は至極当然のことである。経営資源が無尽蔵にあるのなら、あえて選択する必要はないが、どれほどの大企業でも経営資源には限りがある。

つまり、経営において選択は必須要件なのである。

より重要なのは、「何を選択するか」である。多様な選択肢がある中で、差別化の実現可能性が最も高いものは何か、模倣困難な優位性とは何かを見極めることこそが戦略である。

「選択と集中」というと、事業の成長性や収益性といった軸で事業を整理し、取捨選択するのが一般的である。しかし、それだけでは判断を誤る。

最も重要な軸は「適社性」である。それぞれの会社の特徴や特性に合った事業を選ぶことが何より大切である。

どんなに高成長、高収益が期待できても、その事業における差別化を実現できる経営資源やコア・コンピタンスに乏しければ、その会社には適していない事業なのだ。

たとえば、世界の大きな潮流のひとつに「プラットフォームビジネス」がある。IT、小売り、金融など業界や市場の「基盤」そのものになることをビジネスとして捉え、プラットフォームの「ガバナー（統治者）」をめざす戦略である。

アマゾン、フェイスブック、セールスフォース・ドットコムなどはプラットフォーマーとしてオーナーシップを握り、世界を席巻している。デジタル時代の競争戦略として、日本企業も無視できない重要な流れである。

しかし、日本企業が必ずしもその流れに乗ることが得策とは限らない。日本企業に合った戦い方、付加価値の創出の仕方とは何かを冷静に見極めなくてはならない。サントリーホールディングスの新浪剛史社長はこう語っている。[4]

日本企業がプラットフォーマーとして〝ポールポジション〟を取ることは難しいかもしれません。しかし、それでは面白くないので、ダイバーシティをどんどん推進し、イノベーティブな商品・サービスを生み出していくことを辛抱強くやっていきたいと考えています。

…………………………

プラットフォーマーになることを否定しているわけではない。足りない資源や能力を買収や提携で補うことも可能だ。しかし、「潮流を見極めること」と「潮流に流されること」は同じではない。

何より大事なのは、世の中の大きな潮流をしっかりと見極めたうえで、自社の強みや特徴を最大限に活かし、「なくては困る会社」をめざすことである。

「適社性」を見極め、事業領域を戦略的に吟味し、高収益化に成功している三菱電機の事例を見てみたい。[5]

ケース❺

代謝を断行し、「強いものをより強く」で好業績を上げる三菱電機

日本の大手電機メーカーの中で現在、最も高い収益性を誇る会社のひとつが三菱電機である。

2010～2012年度の連結営業利益は、平均2038億円だったが、2014～2015年度は3094億円と約1000億円増加させている。

日立製作所、東芝を凌駕する業績を上げ、健全な財務基盤を固めている。2015年度の自己資本比率は45・3％にまで高まり、日立の21・8％、東芝の6・1％を大きく上回っている。

同社の好業績の最大の要因は、「強いものをより強くする」を徹底的に追求してきた構造改革である。

同社の事業の柱は、FA（ファクトリーオートメーション）と自動車機器で構成する産業メカトロニクス、エレベーターや発電機器で構成する重電、エアコンを中心とする家庭電器の三部門である。独自の強みをもつ得意分野だけに特化し、逆に不得意な事業は思い切って整理してきた。

高い成長が期待できる分野であっても、優位性に乏しく、三菱電機との相性がよくない事業から次々と撤退した。その構造改革は徹底している。

2003年には半導体のシステムLSIをルネサステクノロジ（現ルネサスエレクトロニクス）に、DRAMをエルピーダメモリに譲渡。2008年までに携帯電話事業、洗濯機事業から撤退。2002年から2008年までに6000億円強の規模の事業を整理した。

さらに、2012年度に米国のリアプロジェクションテレビ、13年度にプロジェクター、2014年度に銅合金から撤退。2015年度には携帯電話販売会社を兼松に売却し、2008年度以降も合計1600億円以上の規模の事業から撤退した。

つまり、2002年からの10年余で8000億円近い事業の代謝を断行したのである。

総合電機メーカーという名の下に、確たる脈絡もなく広がっていた事業ドメインを思い切り狭め、同社が真に強みをもつ事業だけに絞り込む。そして、そこに経営資源を集中投下し、さらに強くするという方針を貫いている。

同社の強みのひとつは、回転機（モーター）である。

モーターといえば成熟製品の代表のように思われているが、モーターは多くの製品に使われている「産業の米」であり、高性能・高品質のモーターは成長分野である。

三菱電機はモーターを国内で内製することにこだわり、優位性の源泉にまで高めている。また、回転機の性能向上に不可欠なパワー半導体にも、独自の強みをもつ。

半導体事業から撤退する際にも、パワー半導体だけは手元に残した。一見地味だが、こうした隠れた強みを正しく認識し、磨き上げている。

戦略は奇をてらったものである必要はない。己を正しく認識し、自社の強みにこだわり、徹底的に磨き上げる。戦略とは「己を際立たせる」ことにほかならない。

同社は2020年度までに連結売上高5兆円以上、営業利益率8%以上という成長目標を掲げている。「代謝のステージ」から「創造のステージ」へと大きく舵を切ろうとしている。

要諦2 中長期的視点で洞察し、決断する

何が合理的かの判断は、時間軸の長さによって異なる。短期的には合理的に見えても、中長期的に見れば不合理であることは十分にありえる。

戦略レベルの「理」において重要なのは、中長期視点での「理」を探求、洞察し、担保することである。目先の「理」ばかりを追い求めては、真の創造は為しえない。

「未来は混沌とし、予測などできない」という指摘もあるだろう。しかし、じつは予測可能な未来もけっして少なくない。

日本における人口減少、高齢化社会の到来、地球規模での人口爆発、食糧難のよりいっそうの深刻化、環境規制の厳格化など、マクロ的、人口動態的に見れば、30年後、50年後、

100年後の世界や社会を予測することは十分にできる。未来を変えうる目覚ましい技術の進展についても、私たちは予測し、織り込むことができる。

大事なのは、世界の潮流を冷静に読み解き、自分たちでコントロールできる変数をしっかりと押さえ、「自分たちの未来を自分たちでコントロールする」ことである。

経営者は「未来への責任」を負わなければならない。真に戦略的な判断、決断とは、短期的な「理」に振り回されずに、中長期的な視点にもとづく「骨太の理」を担保することである。

未来を見越した戦略的決断によって躍進する中外製薬の取り組みを見てみたい。(6)

ケース❻

グローバル大手との戦略的提携で存在感を高める中外製薬

日本の製薬企業の中で、いま最も存在感がある会社のひとつが中外製薬である。

2016年度の売上高(連結)は4727億円で、最大手の武田薬品(約1・7兆円)、アステラス製薬(約1・3兆円)、第一三共(約9500億円)などと比べると規模的には劣る。

しかし、抗体医薬品、がん領域の国内売上シェアは1位であり、バイオ医薬品の分野におけるリーディングカンパニーである。営業利益率は15・6%に達し、武田や第一三共をしのぐ実績を上げている。

こうした業績の背景には、中長期的視点にもとづく合理的な戦略シナリオがある。

中外製薬は2001年12月、医薬品分野における世界有数の研究開発型企業であるスイス・ロシュ社と戦略的アライアンスを締結した。

革新的な創薬を継続的に行うためには、莫大な資金力と世界規模でのリスク対応力が不可欠である。

もちろん単独で生き残っていけるのであれば、それがベストだが、中外製薬クラスの規模、収益力では、単独で持続的成長を実現するのは容易ではない。

苦境に追い込まれてからメガファーマに飲み込まれてしまうのは最悪のシナリオだ。「いまなら最良のアライアンスパートナーを選択することができる」と判断し、ロシュとのアライアンスに踏み切ったのだ。

ロシュは中外製薬の株式の過半数を取得し、中外製薬はロシュ・グループの一員となる道をあえて選択した。ただし、自主独立経営は維持し、上場も維持するというWIN-WINの関係を構築することを狙った。

ロシュに「飲み込まれる」のではなく、逆にロシュの力を「うまく活用する」ことによって存在感を高める。それが、中外製薬が選択した戦略だった。

締結から15年以上が経過し、中外製薬の売上げは1・6倍、営業利益は2倍強へと伸長した。ロシュとのネットワークを最大限に活用し、国内有数の新薬候補を保有している。

短期的視点だけで考えれば、アライアンスという選択をする必要はなかったかもしれない。自主独立にこだわるという考え方もありうる。

しかし、10年、20年先を見据え、世界の潮流や競争環境を読み解き、自社のポジショニングを冷静に見据えたからこその戦略的決断であった。「骨太の埋」が中外製薬の存在感を高めている。

要諦3 「コア」を育てる

差別化を実現するうえで大切なのは、「コア」を育て、確立することである。

会社の中核たりえる事業（コア・ビジネス）、技術（コア・テクノロジー）、能力（コア・コンピタンス）、顧客（コア・カスタマー）などを育てることである。

競合他社を凌駕する絶対的な優位性こそがコアである。

コアを確立している会社は強靱である。たとえば、コア技術が確立している会社は、その技術を応用して、新たな分野に展開することが可能である。コアから広がり、さらにコアが強くなっていく。

コアとは「極み」「尖り」である。競合他社が真似できないほどの圧倒的な優位性にまで磨き上げ、模倣困難性を実現しなければならない。

そのためには「集中」が必要である。何をコアに育てるのかを見極め、「一剣を磨く」ことに専念することが求められる。

また、コアがあるからといって、そこに安住してはならない。

コアの陳腐化は、会社をいっきに瓦解させる。常に新たなコアを模索し、コアを進化させる努力を欠かしてはならない。

物流という新たなコアを確立し、再生に邁進するコープさっぽろの事例を見てみよう。(7)

ケース❼

新たな「コア」を確立し、再生するコープさっぽろ

北海道を地盤とするコープさっぽろは日本有数の生協である。道内各地の地域生協を統合し、全道を事業エリアとする広域生協へと発展した。

しかし、その歴史は苦難の道だった。

バブル期に店舗の大型化や無謀な多角化をはかり、1998年に経営危機が表面化した。上部組織である日本生活協同組合連合会の支援を受け、経営再建に着手した。

再建の中核に据えたのは、「食」への回帰だった。食品スーパーでありながら、商品の質が低下し、結果としてそれが顧客の流出につながっていたからだ。

「おいしいお店」をコンセプトに、原料にこだわった自主企画商品「なるほど安心商品」や地元農家が育てた「ご近所やさい」などを展開し、顧客から支持される商品づくりに力を入れた。

しかし、それだけでは成長、再生は果たせない。深刻な過疎化、高齢化が進む北海道では、店舗事業だけに頼っていたのではじり貧であることは明白だった。

そこでコープさっぽろが取り組んだのが、宅配の強化である。

大見英明理事長の陣頭指揮のもと、戸別宅配事業「トドック」の確立に力を注いだ。いまでは「トドック」が売上げの3分の1を占め、圧倒的な収益源に育った。宅配事業の経常剰余率は8・6％にまで高まり、全国の生協の中でトップクラスの収益を上げるまでになった。

コープさっぽろがこだわったのは、「自前物流」である。

物流業者に委託するのではなく、配送センターや配送車も自前で運営している。約1800台の自社車両が全道をカバーし、効率的な配送を実現している。

全道にある宅配センターから顧客の自宅まですべて1時間以内で配達できる物流ネットワークを整備。「運ぶ」「届ける」という新たなコア・コンピタンスを確立することに成功している。

「運ぶ」「届ける」という新たなコア・コンピタンスを活かす新事業も生まれている。

そのひとつが移動販売である。道内の「買い物難民」問題に対応するため、売れ筋商品約1000品目を積み込んだ移動販売車が約100台、全道をカバーし、新たな収益源になりつつある。

さらには、総菜事業にも力を入れ、配食事業にも乗り出している。「食」と物流の融合によって新たな事業領域を創造することに成功している。

コープさっぽろは「食」という原点にこだわりつつも、店舗だけにこだわらず、物流という新たなコア・コンピタンスを確立し、「食のインフラ」へと進化を遂げようとしている。

▼
▼
▼

要諦4 スピーディかつ粛々と代謝を進める

「理」が求められるのは、創造においてだけではない。むしろ、代謝こそ「理詰め」で行わなければならない。

もちろん創造においても「理」は重要だが、創造は未来に対して行うものであり、最後の最後はやってみなくてはわからない。

山ほどの情報を集め、客観的な分析を行い、合理的だと判断して実行しても、想定どおりにいかないことはいくらでもありうる。

一方、代謝を判断する際には、過去もしくは現在のデータが存在する。それらをもとにすれば、ある程度現状の延長線を予測することはできる。

にもかかわらず、なぜ代謝が不得手な会社がこれほど多いのか。

それは代謝には勇気がいるからだ。創造には勇気がいると述べたが、じつは代謝にも勇気が必要である。

いまあるものを捨てたり、やめたり、入れ替えたりする際には、相応の反発、軋轢が起こりうる。だから、合理的に考えれば代謝が必要だとわかっていても、結論を先延ばしにしたり、あえて手をつけずにいるという不合理なことが起きる。

「共同体」という組織のネガティブな要素のひとつといえる。

また、現場はどうしても目の前の現実に引っ張られがちである。現場ならではのしがらみもある。代謝を現場まかせにすると、なかなか事は進まない。

代謝はスピーディかつ粛々と進めなくてはならない。代謝こそリーダーの仕事である。

新たな成長戦略の推進の一方で、冷静かつスピーディに代謝を進めるＳＯＭＰＯの取り組みを見てみたい。


【ケース❽】

創造の一方で、代謝を進めるＳＯＭＰＯ

「安心・安全・健康のテーマパーク作り」という新たなビジョンを掲げ、創造に取り組むSOMPOホールディングスは、一方で代謝も戦略的に進めている。

たとえば、SOMPOは2017年9月に、2014年に買収した英国のキャノピアス社を売却する方針を固め、売却候補先との協議を行っている。

SOMPOは2017年3月に約7000億円を投じて米国のエンデュランス社（現SOMPOインターナショナル）を買収し、海外事業の基盤にしようとしている。

その基盤のもとで、欧米の企業向け保険事業を一本化する方針を掲げている。

一部機能が重複し、文化やビジネスモデルの異なるキャノピアス社との併存をめざすより、海外のビジネスモデルをシンプルにすると同時に、売却することによって得た資金をほかに振り向けるほうが中長期的には合理的だと判断したのだ。そのスピーディな意思決定は、これまでの日本企業には見られなかったものである。

日本企業もM&Aを戦略的に活用するようになってきた。買収には抵抗感が薄れてきたが、売却はまだ不得手であり、どうしても抱え込みがちである。

たとえどんなにいい会社であっても、会社が掲げる目的、目標との整合性が薄い会社や事業を抱えることは、けっして合理的とはいえない。M&Aを経営のひとつのオプションと位置付けるのであれば、代謝を躊躇してはならないのだ。

3 実行レベルの「理」を担保する

「いかに実行するか」が最適でなければ、結果には結びつかない

それぞれの会社が「何を営むべきか」を合理的に定めるのが、戦略レベルの「理」である。持続的差別化を実現でき、模倣困難性が高い選択肢を選ぶことは、経営の合理性を担保するうえで重要なことである。

しかし、どれほど情報を集めても、どれほど緻密に分析しても、戦略は所詮、仮説にすぎない。「何をすべきか」の最適解を選択したとしても、「いかに実行するか」が最適でなければ、結果には結びつかない。

仮説にもとづいて、合理的に考え、合理的に判断し、合理的に実行する粘り強いプロセスを経て、はじめて仮説は結果につながる。戦略がいかに「理詰め」でも、実行が「理詰め」でなければ成功には結びつかないのだ。

本田宗一郎は一人ひとりが理論、理屈を重視し、「合理的に働く」ことの重要性を説きつづけた。彼はこう指摘する(8)。

こと会社の業務に関する限り理論を尊び合理的に処理する。（中略）単なる一生懸命は何ら価値がない。否、誤った一生懸命は怠惰よりもかえって悪い。一生懸命には「正しい理論に基づく」ことが欠くことを得ない前提条件である。

私の経験をもとにしていえば、戦略レベルの「理」を担保することは、比較的容易である。戦略眼に優れた人材を登用し、集めた情報やデータをもとに分析を行い、「理詰め」のシナリオをつくることはできる。

しかし、実行レベルの「理」はそうはいかない。

戦略策定は「静」であるが、実行は「動」である。絶え間なく動き、変化する中で、常に「理」を担保しなければならない。

しかも、実行段階では数多くの人が関与し、それぞれの持ち場で仕事を行っている。関与するすべての人が「理詰め」に考え、「理詰め」の判断を行い、「理詰め」の行動をとることを徹底するのは、きわめて難易度が高い。

「アンストラクチャー」な状況に対応する

実行レベルの「理」の重要性はますます高まっている。それは私たちを取り巻く環境変化によるものである。

近年、欧米の経営者たちは「VUCA」という言葉を盛んに繰り返す。「volatility」（不安定性）、「uncertainty」（不確実性）、「complexity」（複雑性）、「ambiguity」（曖昧模糊）という4つの単語の頭文字からとった略語であり、世界を取り巻く環境の特徴を表している。

つまり、会社は「不安定で変化が激しく、先が読めず不確実性が高く、さまざまな要素が複雑に絡み合い、きわめて不透明な環境」の中で経営をしていかなければならないということである。

ラグビーに「ストラクチャー」（structured）、「アンストラクチャー」（unstructured）という言葉がある。

攻守がお互いに陣形を整え、あらかじめ組織的にデザインされた状況を「ストラクチャー」という。一方、攻守の陣形が崩れ、組織的に整備されていない流動的な状況を「アンストラクチャー」という。

「ストラクチャー」の状況は練習で反復訓練できる。一方、「アンストラクチャー」は予測不能な状況であり、計画的に訓練することは難しい。

「アンストラクチャー」な状況下では、一人ひとりのプレイヤーの瞬間的な状況判断と高い能力・スキル、そしてほかのプレイヤーたちがその咄嗟の判断に柔軟についていけるかどうかがきわめて重要となる。ニュージーランド代表（オールブラックス）のような強豪チームは、「アンストラクチャー」な状況に圧倒的な強みを発揮する。

「VUCA」とは「アンストラクチャー」な環境であることを意味している。先が読めず、きわめて流動的な環境下で、私たちは経営の舵取りをしていかなくてはならない。

当初描いていたシナリオどおりには事が運ばず、予測不能な「アンストラクチャー」な状況が頻繁に訪れる。そうした状況にどう対応するかが、ビジネスの成否に直結する。

ケイパビリティ競争の時代

「アンストラクチャー」な環境下においては、戦略シナリオよりも変化に柔軟に対応できる能力、すなわちケイパビリティがきわめて重要となる。

欧米では「戦略の時代は終わり、ケイパビリティの優劣が勝負を決する時代だ」といわれている。競争は明らかに戦略段階から実行段階へと移っている。

もちろん、さまざまな要素を勘案し、時代の流れを読み、合理的な戦略を立案する努力は必要だ。戦略なき経営では迷走に陥る。

しかし、乱気流が常態化している環境下では、想定外のことが起こりうる確率はきわめて高く、逆に想定外の状況をチャンスとして活かす「組織能力」(organizational capability)こそが大きな優位性となる。

戦略一辺倒ではなく、戦略とケイパビリティを両輪に据えた複眼的な経営が求められているのだ。

では、ケイパビリティとは具体的にどのようなものを指すのか。その例として、次のようなものをあげることができる。

・並外れたスピード
・連係・連結する力、チームワーク
・臨機応変に柔軟に対応する力
・一糸乱れず全社一丸となって徹底する力
・愚直に地道に改善を積み重ねる力
・あきらめずに耐え、粘る力

「なんだ、ありふれたものばかりではないか」「こんなことが競争優位になるのか」と訝しがる人もいるだろう。

しかし、ケイパビリティとは一見陳腐で平凡なことを徹底的に磨き上げ、「非凡」なレベルにまで高めることである。

「平凡の非凡化」こそが、ケイパビリティの本質である。ありふれた基本的なことだからこそ、その優劣の差は決定的なものになる。

たとえば、並外れたスピードを手に入れた組織は、営む事業が変遷したとしても、常にスピードを武器に戦うことができる。「速い」というケイパビリティは、最も普遍性の高い競争優位である。

逆に、どんなに優れた技術や人材を有していても、スピード感に乏しかったり、チームワークがよくなければ、勝負に勝つことは難しい。会社の基本的なケイパビリティの優劣が勝負を分かつ時代なのである。

また、戦略は模倣することが比較的容易だが、ケイパビリティを模倣することは簡単ではない。同等のケイパビリティを手に入れるためには相応の時間が必要だし、その間に競争相手はより高いケイパビリティへと進化している可能性も高い。つまり、ケイパビリティは持続性の長い競争優位になりうるのである。

それでは、実行レベルの「理」を担保するためにはどうしたらよいのか。その4つの要諦について考えてみたい。

要諦1 実行を「科学」する

会社において戦略の実行を担うのは、オペレーション部門である。俗にいう「現場」である。現場は、日々の業務遂行を通じて価値を生み出している。現場こそ実行の当事者である。

その現場には、きわめて多くのムダや非効率が内包されている。

つまり、現場は「ムダのかたまり」であり、「非合理のかたまり」ともいえる。

こうした非合理性を放置しておけば、会社の生産性や効率性は著しく低下し、競争力を失う。「科学的管理法」を打ち出したフレデリック・W・テイラーはこう語っている。(9)

私たちの日常的なふるまいのほぼすべてが非効率である。

テイラーは、企業活動では「経験則」が最も重視され、それがたとえ非効率であっても、人間は「経験則」に固執すると指摘した。

それを打ち破り、実行レベルの「理」を担保するには、企業活動を客観的に「科学」し、どこにムダや非効率があるのかを特定し、常によりよいやり方を追求していくことが必要なのだとテイラーは主張した。「科学が経験則を超える」という彼の言葉は、いまでも説得力がある。

実行を「科学」するうえで重要なのが「見える化」(可視化)である。

見えないもの、測定できないものは管理できない。実行を管理し、「理」を担保するためには、業務の「見える化」が不可欠である。

「科学」するためには、見えないものを見えるようにする、測定できないものを測定できるようにすることが必須条件となる。

また、業務標準や基準を整備し、誰が行っても大きな差が出ない業務基盤を構築することも重要である。

しかし、実行の「科学」には大きな落とし穴がある。

それは経営者やマネージャー層が「見える化」の進め方、使い方を誤ると、現場の労働強化や管理強化につながり、かえって生産性や効率性を下げることにつながりかねないということだ。チャップリンの映画『モダン・タイムス』のような事態に陥ることも十分にありえる。

そうした事態を避けるには、何のために「科学」するのかという目的や狙いを明確に打ち出し、社員たちの理解と協力を得なければならない。

現場の自主性や自発性がなければ、実行を「科学」することはできない。テイラーの『科学的管理法』の訳者である有賀裕子氏は「訳者あとがき」にこう記している。[10]

テイラーは、科学的管理法の哲学と手法を混同してはならないと、何度となく釘を刺している。哲学を忘れて手法だけを取り入れようとしても、まったく意味をなさないのだと。

....

実行レベルの「理」とは、会社内に巣食うムダや非効率を顕在化させ、取り除き、人間が本来やるべき意味ある仕事に専念できるようにすることなのである。

経験と勘に頼ったオペレーションから脱却し、科学的なオペレーションを確立した良品計画の事例を見てみよう。[11]

ケース❾

経験至上主義から脱却し、合理的な実行を確立した良品計画

創業以来、順調に成長を遂げてきた良品計画だが、2001年に大きな曲がり角を迎えた。「無印神話」と呼ばれるほどの成長を遂げてきたが、2001年8月中間期に38億円もの赤字に転落したのだ。

その理由のひとつが、社内にはびこる経験至上主義だった。確たる仕組みもなく、経験と勘だけに依存し、個人のセンスや感覚ですべての仕事が回っていた。人によってパフォーマンスは大きく左右され、店ごとのバラツキがとても大きかった。

新店のオープンに他店の店長が応援にかけつけ、売場を見るなり、「これじゃあダメだよ。無印らしさが出ていない」といきなり商品の並べ替えを始める。そのあとに、別の店長がやってきて、「ここはこうしたほうがいい」とまた直しはじめる。そんなことが現場では日常的に起きていた。

誰が店長になっても「80〜90点の店」がつくれるようにしなければ、良品計画の再生はない。松井忠三元社長の陣頭指揮のもと、オペレーションを徹底的に標準化する取り組みが始まった。

まず徹底的にこだわったのが、マニュアルの整備である。

無印良品の店舗はどうあるべきかを「標準」として確立し、誰もがそれを守ることが改革の第一歩だった。

それまでにも店舗運営用のマニュアルはあったが、その内容は不十分で、現場で使えない、誰も見ないマニュアルだった。みんなが準拠すべき基準がないまま、店舗運営が行われていた。

新しく作成した店舗運営用マニュアルは「MUJIGRAM」と呼ばれ、売場におけるディスプレイや接客、発注に至るまで店舗運営に関するすべてのやり方が平易な言葉で具体的に説明されている。総ページ数は2000ページを超える。

さらに店舗開発部や企画室など本部の業務もマニュアル化され、「業務基準書」と呼ばれている。そのページ数はじつに6600ページを超える。

しかし、たんにマニュアルを整備しただけでは、オペレーションは進化しない。より大切なのが、現場の知恵でマニュアルを常にリニューアルすることである。

マニュアルの最大の問題は、「現場を知らない人」がつくっていることだ。

せっかくマニュアルをつくっても、現場の実態にそぐわない点が多々ある。そうした問題点を最もよくわかっている現場からボトムアップで吸い上げ、マニュアルにタイムリーに反映させることがなければ、「生きたマニュアル」にはならない。

現場からの改善提案は1年間で5000件にも上る。こうした指摘や声が順次マニュアルに盛り込まれ、更新されていく。

経験と勘に頼った非科学的なオペレーションが、標準化と改善によって科学的なものへと変貌を遂げた。

合理的な仕事のやり方を常に追求しつづける姿勢と仕組みが、会社の実行力を高めるためには不可欠なのである。

▼▼▼

要諦2 スピードを武器にする

「GAFA」に代表される米国の新興企業に共通するのは、圧倒的なスピード感である。意思決定のスピードのみならず、実行のスピードが桁違いに速い。

このスピード感に、既存の大企業はまったくついていけていない。「速い」というケイパビリティこそが、現代における最大の競争優位である。

会社を取り巻く環境は目まぐるしく変化している。変化は常態化している。

連続的に移り変わる流れの中で、これまで以上のスピード感を身につけなければ、会社は生き残っていけない。

「遅い」は会社にとって致命傷である。いくら合理的なことをやろうとしても、その実行が遅ければ、まったく合理的とはいえない。

「意思決定の遅れ」「判断の遅れ」「情報伝達の遅れ」「実行の遅れ」「学習の遅れ」など、

「遅い」という負の要素はこれまで以上に致命的欠陥となる。

何か新しいことを始めるべきかどうかを検討するためだけに委員会を立ち上げ、半年を費やす。ようやくやることが決まると、今度はどう進めるかを検討するために新たに委員会を立ち上げ、さらに半年を費やす。

ようやく1年経ってスタートしたときには、競争相手ははるか先を行っている。こんな笑えないような事態を私はいくつも見てきた。

スピードという概念を表現する言葉として、「俊敏性」と「敏捷性」という2つの言葉がある。この2つの言葉は明らかに異なる意味をもつ。

俊敏性（quickness）は「素早さ」を意味する。AからBへと素早く移動する移動速度の速さを表すのが俊敏性である。

一方、敏捷性（agility）は単純な移動速度だけでなく、動作の方向性を正確に決定する判断の質や速さも含まれている。つまり、「速さ×的確性」が敏捷性である。

いま会社に求められているのは、敏捷性に磨きをかけ、並外れたレベルにまで高めることである。「並外れた敏捷性」（extreme agility）こそが、最も効果的な競争優位なのである。

敏捷性は経営者だけに備わっていればいい、というものではない。

いくら経営者がスピード感をもって、的確な決断を行っても、その実行段階では予測できないことがいくらでも発生する。

そうした状況下で、経営者にすべての判断、決断を仰いでいたのでは、スピード感ある実行はできない。変化にさらされ、状況を最もリアルに理解している最前線の社員一人ひとりが的確な判断、的確な行動をとることが、最も合理的な方法である。

また、これまでに語られてきたスピードは、意思決定のスピード、実行のスピードが中心だった。しかし、変化が常態化している中では、実行したあとの「リアクション」、つまり学習、対応のスピードの重要性が高まっている。

実行しなければわからないこと、実行したからこそわかることが、会社にとって大きな財産である。それをいかに次に活かすか。「生きている会社」でありつづけるには、リアクションスピードを高めることが重要になってきている。

異なるスピード感をもつ会社との協業によって、新たな「体内時計」を手に入れた東レの事例を見てみたい。[12]

ケース⑩

協業で新たなスピード感を手に入れた東レ

かつて日本一の高収益企業だった東レは、2002年初の赤字に転落した。

オイルショック、繊維産業の成熟、海外新興国メーカーの台頭などにより、日本を代表する名門企業だった東レも凋落の一途を辿った。

不振の原因のひとつが、自前主義に対するこだわりだった。

基礎研究から量産化まで一貫して社内で行い、技術をブラックボックス化することが、東レの優位性の源泉だった。

その考え方自体は間違いではないが、自前主義に固執するあまり、スピード感に欠けたり、自分たちがあまり得意ではないことにも無用に時間をかけるという不合理なことが起きていた。

ひとつの会社だけで大きな仕事ができる時代は終わり、必要に応じて他社との協業や連携を進めることが求められる時代である。

にもかかわらず、東レは自前主義からの脱却ができずにいた。それはスピード感の欠如という大きな弱点にもなっていた。

新たなスピード感を手に入れるために東レが決断したのが、カジュアル衣料「ユニクロ」ブランドを展開するファーストリテイリング(FR)との協業だった。

「たんなるセラーとバイヤーの関係ではなく、もっと本格的に協業したい。ついては、ユニクロの専門部署を設置し、社長もしくは会長の直轄組織をつくってほしい」というFRの要望を受け、2000年にトップダウンで設置が決まった。

社内では、「新参者で『安売り屋』のイメージもあるユニクロと提携する価値があるのか」という否定的な声も多かった。しかし、自前主義の壁を壊し、新たなスピード感を身につけなければ、生き残っていくことはできないという危機感が前例のない協業を後押しした。

FRは東レとは異なる桁違いに速い「体内時計」をもつ会社である。これまでの東レの「体内時計」のままでは、とてもついていくことはできない。

実際、提携当初は、ユニクロの開発スピードにまったくついていくことができなかった。商品開発のスピード、商品供給のスピード、顧客からのフィードバックを反映させるスピードなど、これまでの「東レの常識」を否定しなければ、新たなケイパビリティを手に入れることはできない。

両社がひとつのユニットとして一体となって動くことにより、東レは徐々に新たなスピード感を身につけていった。「運命共同体」として一体運営するからこそ得られる新たな組織能力だった。

この協業は保湿性下着「ヒートテック」や薄くて軽くて暖かい「ウルトラライトダウン」などのメガヒット商品を生み出すことにつながった。

しかし、この協業によって東レが獲得した最大の資産は、時代の要請に合った新たな「体内時計」だったのである。

要諦3 「微差力」を磨く

戦略はダイナミックかつ大胆なものでなければならないが、実行は小さなことの積み重ねが何より大切である。

まず実行し、そのプロセスで多くのことを学習し、それを活かしながら次の実行につなげていく。日常における「スパイラルアップ」こそが実行の本質である。

ちょっとした気づき、ふと思いついたアイデア、小さな足元の改善……。

ひとつずつを見れば「微差」にすぎない。

「わずかな差、ちょっとした違いに意味があるのか」と否定的に思う人もいるかもしれない。しかし、経営の実行局面において、「微差」は次の2つの意味において決定的に重要である。

まずひとつめは、たとえ「微差」であっても、それらを積み重ねればきわめて大きな変化を生み出すということである。

たとえば、改善という取り組みも、ひとつだけを見ればその効果は限定的だが、それが何万、何十万という数にまとまれば、とてつもなく大きな効果を期待できる。

トヨタでは年間60万件を超える改善が現場で実施され、それによるコスト削減効果は毎年数百億円に上る。しかも、そうした取り組みを50年以上にわたって愚直に続けている。

これこそが「微差力」である。

2つめは、ちょっとした気づきがきっかけとなって、イノベーションや変革が起こりうることである。最初は何気ない思いつきにすぎなかったのが、それが起点となって、新たな価値創造が実現された例は多い。

その好例が、コマツの機械稼働管理システム「KOMTRAX（コムトラックス）」である。建機の車両に搭載したGPS、通信システムによって全世界の自社製品の稼働状況をリアルタイムで把握することができる。それによって、保守管理や省エネ運転など多様なサービスを提供し、自社の需給調整にも活用している。

そのきっかけとなったのは、盗難された建機でATMを破壊するという強盗事件だった。盗難対策として「GPSをつけたらどうか」というアイデアが生まれ、検討が開始された。そして、国内市場、中国市場などでGPSの装備が標準化された。

時代の先端を行く同社のIoT（モノのインターネット）活用サービスは、じつは盗難対策から生まれたものだったのである。

「微差」のヒントは現場にある。

新たな価値創造や変革につながる「未来の予兆」は現場に潜んでいる。感度の高い現場はそうした「未来の予兆」を見逃さず、「微差」を連続的に生み出す。

「微差力」は競争力の大きな柱になりうるのだ。

微差力で赤字ローカル線を「日本一乗りたい路線」へと変えたJR東日本秋田支社の取り組みを見てみたい。[13]

ケース⓫

「シングルヒット」を積み重ねるJR東日本秋田支社

「日本で一番乗りたいローカル線」が東北にある。秋田県から青森県へとつながる日本海を望み、世界遺産白神山地の山裾を走る五能線である。

見る者を圧倒する絶景、手つかずの自然、豊穣な歴史と文化、東北の味覚と温泉など、高い人気を誇るローカル線である。

五能線を走る快速列車「リゾートしらかみ」には年間10万人以上の観光客が乗車し、観光シーズンには入手困難のプラチナチケットになっている。

いまでは人気の五能線だが、かつては廃止も噂される赤字路線だった。

寂れた赤字路線を人気の観光路線へと再生させたのがJR東日本の秋田支社である。古い客車を改造して低コストで観光列車をつくったり、絶景ポイントで観光客に喜んでもらうために「サービス徐行」を始めたり、車内での津軽三味線の生演奏や駅で「なまはげ」を登場させるなど、さまざまな取り組みを「現場主導」で積み重ねてきた。

その秋田支社が大切にしているのが、「『シングルヒット』を積み重ねる」という考え方である。

秋田支社はJR東日本の中で最も小さな支社である。その経営資源には限りがある。何か大きなことをやろうと思っても、その実現は容易ではない。

しかし、社員一人ひとりがアイデアを出し合い、みんなで創意工夫して粘り強く実行すれば、たいていのことは実現できる。これが秋田支社の現場に根付いている考え方である。白石敏男前支社長はこう語っている。

「秋田支社で働く2500人の社員みんなが『シングルヒット』を打ったら、とてつもなく大きな価値になる。どんなにどでかい『ホームラン』でも『2500本のシングルヒット』には絶対にかなわない」

その好例が同支社内の東能代運輸区である。

この運輸区には約50人の運転士、車掌が勤務するが、「なまはげ」に扮して駅で観光客を出迎えるのは、彼らである。運転士や車掌たちが乗務以外の仕事を自分たちでつくり出し、五能線を盛り上げようと日々知恵を絞り、実践している。

彼らの活動の起点になっているのが「お客さまの声」である。

「リゾートしらかみ」に乗車する観光客を対象に独自のアンケートを実施し、その数は1年間で3000件にも達する。

その声に真摯に耳を傾け、みんなでアイデアを出し合い、できることからすぐに実行する。桁違いの当事者意識が現場に根付いている。

そうした「シングルヒット」の積み重ねこそが、「日本で一番乗りたいローカル線」

となる原動力なのである。

要諦4 「ナレッジワーカー」を育てる

実行において「理」を担保するために最も有効な方法は、すべての実行の当事者が「理詰め」で考え、判断し、行動することである。

戦略や計画をいくら「理詰め」で策定しても、実行の段階では想定外のことがいくらでも起こりうる。

目的や目標を遂行するために立ちはだかる障害や壁を、知恵を振り絞り、粘り強く実行する「現場力」というケイパビリティが備わっていなければ、目的は実現できない。

「現場力」という競争優位を支えるのが、「ナレッジワーカー」（知識労働者）である。

現場で自ら考え、自ら判断し、自ら行動する自律性の高い社員を育て、鍛えることが、実行レベルの「理」を担保するためには不可欠である。

「ナレッジワーカー」は、与えられた仕事をこなすだけの「マニュアルワーカー」とは明らかに異なる。現場で起きるさまざまな非合理的なことに対して、知恵を出し合い、創意工夫することによって問題解決を促進する。合理的に実行するとは、「ナレッジワーカー」を育て、現場の問題解決力を高めることにほかならない。

「現場力」は、ひとりの天才に依存するものではない。「現場力」とは組織能力である。一人ひとりは飛び抜けた才に溢れていなくても、現場での気づきや発見をもとにチームとして取り組み、知恵を絞り、粘り強く実行する。この積み重ねこそが、実行レベルの「理」につながる。

卓越した「現場力」を磨き、「ナレッジワーカー」が改善、革新を継続的に生み出すデンソーの事例を見てみたい[14]。

ケース⓬

「非凡な現場力」で世界に挑むデンソー

デンソーは日本最大の自動車部品メーカーであり、トヨタグループの中核企業である。トヨタ自動車を頂点とするトヨタグループは、卓越した「現場力」を磨きつづける企業集団である。

なかでも、デンソーの「現場力」は抜きん出た強さがある。デンソーは「品質のデンソー」と呼ばれるほど、品質にこだわりつづけている。

品質への取り組みは1949年の会社設立当初から始まった。1954年には技能強化のための技能養成所を設立。1961年には自動車部品メーカーとしてはじめてデミング賞を受賞した。

「東海道線の列車に一足踏み入れると、デンソー社員は一目で知れた。多くの社員が通勤時間を利用して、一様にQC関連の書物を読みふけり、無駄口をたたいている者などひとりとして見当たらなかった」といわれるほど、全社で品質を追求してきた。

デンソーの「現場力」を高めるきっかけが、1997年に始まった「EF活動」である。EFとは「Excellent Factory」の略で、全員参加の改善活動である。

工場長がリードし、作業者から班長、係長まで全員が同じ目標をもって継続的かつ地道に日常を改善していく。

改善件数は年間40万件を超える。1人あたり平均20件もの改善が日常的に行われている。

デンソーの「現場力」は改善にとどまらない。

改善を超える革新にも挑戦している。モノづくりの原理を徹底的にバラし、改めて最適なプロセスをゼロベースで考え直すプロセスイノベーションを現場主導で推進している。

大型設備による大量生産をベースにするのではなく、設備の小型化、ラインのコンパクト化を進め、「必要なものを必要なときに必要なだけつくる」フレキシビリティの高いモノづくりに挑み、大きな実績を上げている。

こうした設備は「1／N」ラインと呼ばれている。

5％削減、10％削減といったレベルではなく、1／2や1／3に挑戦するという革新である。

私が実際に現場で見学したダイカストの製造ラインは、設備面積80％削減、エネルギー消費量50％削減、生産コスト33％削減という大きな成果を生み出している。

こうした改善、革新を支えているのが「ナレッジワーカー」たちである。

現場での気づきをもとに、知恵を出し合い、創意工夫しながら、現場の進化を支えている。私が現場で取材したあるベテラン社員はこう教えてくれた。

「1／Nを武器に工場を変えたい。これまでやってきて、やれなかったことはひとつもない。みんなで知恵を出せば、なんだってできる」

実行の当事者は現場である。

「ナレッジワーカー」を育て、「非凡な現場」をつくることこそが、実行レベルの「理」を担保する最善、最強の方法なのである。

第7章

「生きている会社」は「情」に充ち溢れている

1 「情」の正体を突き止める

感情は老化する

経営は「老化との闘い」であると指摘した。

老化とは一般的には身体的な衰えをイメージする人が多いが、じつは最も深刻なのが「感情の老化」である。

人は誰でも加齢とともに、意欲や好奇心が衰え、感情が老化していく。これは人間として自然なことである。

精神科医である和田秀樹氏は、「筋肉も刺激を与えなければ衰えるように、感情もまた、刺激のない生活の中でしだいに老いていく」と説明する。

「感情の老化」はそのまま会社にも当てはまる。

会社が老化するのは、老廃物が溜まり、贅肉がつくと同時に、そこで働く人たちの感情が徐々に老化してしまうからである。「生きている会社」でありつづけるためには、「感情の老化」をなんとしてでも防がなくてはならない。

「感情の老化」が怖いのは、それが伝染するからだ。

意欲や好奇心に乏しい人がひとりいるだけで、それがほかの人たちにも伝播し、いつの間にか組織全体の感情が老化してしまう。

人間は感情の動物である。人間が形成する会社という集団も、感情的な存在である。組織の感情を上手にマネジメントしなければ、「生きている会社」にはなりえない。

「情」とは人の「心」である

世界的数学者・岡潔は、「感情」という言葉ではなく、「情緒」という言葉で表現した。岡はこう指摘する。[1]

和英（引用者注＊和英辞典）で情ということばを引くと、エモーションとフィーリングとしかないが、これらは皆非常に浅い情緒である。

そして、岡はこう続ける。[2]

人の心をわたし情緒という言葉を使ってます。情緒が形に現われる。人は情緒を形に現わして生きている、その情緒が形に現われるとき、喜びを感じる。それが生きがいです。

「情」とは「情緒」のことである。そして、情緒とは人の「心」のことである。そこには喜怒哀楽ももちろん含まれるが、それだけではない。情緒とは、より深遠な「人の中心」のことである。

人の「心」が仕事にあらわれたとき、仕事がたんに生活の糧を得るためだけの手段ではなく、一人ひとりの「生きている意味」になる。

「生きている会社」になろうと思うのであれば、人の「心」が仕事にあらわれるような努力と工夫が不可欠である。

会社は、会社で働く一人ひとりの「心」を充たさなければならない。

どれほど会社が成長しようが、どれほど利益を上げようが、会社で働く人たちの「心」が充たされていなければ、「生きている会社」とはいえないのだ。

▼▼▼

社員の「心」が仕事にあらわれているか

「情」などという得体の知れないものの話を持ち出すと、眉をひそめる経営者や経営学者も多い。「情や心なんかを気にするから、日本企業は競争力を失ったんだ。会社は徹底的に合理的であればいいんだ」と自分の主義主張を述べる人も多い。

そうした考え方も否定はしないが、近視眼的な合理性一辺倒の経営者が率いる会社に限って、やがて苦境に陥る。具体名こそあげないが、そんな会社を私はいくつも見てきた。

一方、ＧＡＦＡに代表される米国の成長企業は、人の「心」をとても大切にしている。それが彼らの成長の動力源であることを私たちは見過ごしてはいけない。

一人ひとりの社員がイキイキと働き、眼が輝いている。社員たちの「心」が、仕事にあらわれている。仕事を通じて、社員たちの「心」が充たされているのだ。

社員たちの「心」が充たされていると自信をもって言い切れる会社が、いま日本にどれだけあるだろうか。野中郁次郎名誉教授は、会社と人の関係性をこう述べている。[3]

人間によって構成される組織は、決して没個性的な活動単位としての個人の集合体ではなく、理想の未来像をもち少しずつでもそこへ接近していく道を設定し、あるべき姿を実現しようと努力する共同体と見ることができる。

……………………

日本企業は「人を大事にする」とずっといわれてきた。しかし、それははたして本当だろうか。

「人を大事にする」とは「人の心を大事にする」ことである。

定年まで勤め上げることができる、簡単にはクビにはならないことだけが、人を大事にすることではない。「人を大事にする」とは、社員たちの「心」を充たすことにほかならない。

2 「情」を充たすことは最も合理的である

最も活用されていない資源

経営における人の重要性は誰も否定しない。しかし、実際に人の活用に成功している会社はきわめて稀である。ドラッカーはこう指摘する。(4)

> マネジメントのほとんどが、あらゆる資源のうち人がもっとも活用されず、その潜在能力も開発されていないことを知っている。だが現実には、人のマネジメントに関する従来のアプローチのほとんどが、人を資源としてではなく、問題、雑事、費用、脅威として扱っている。

『エクセレント・カンパニー』の中で、トム・ピーターズとロバート・ウォータマンはこう述べている。(5)

> やっかいな人間的問題を切り捨ててしまったうえでの「正しい」答を指すようにな

ってしまったのである。つまり経営につきものの人的側面を排除するところから「合理的」という言葉が成り立っているのである。

……………

「人を大事にする会社」「人を育てる会社」と謳ってはいても、現実にはやる気を失い、目的や目標を意識することもなく、目の前の仕事を淡々とこなすだけの人が大半という会社はいくらでもある。

一部の能力の高い人たちだけが活性化していても、「生きている」とは呼べない。会社に属するすべての人たちを覚醒させ、それぞれの持ち場でやりがいを感じ、「心が仕事にあらわれる」ようにするのが、経営者の最大の責務である。

▼▼▼

経営者ひとりでは何もできない

「情」を重視する理由は、「人を大事にするのは当然」という人間主義的な単純な話だけではない。

じつは、経営において「情」を重視することは、最も合理的であり、理にかなった成功への近道なのである。そこには2つの理由がある。

まずひとつめは、どんなに優秀な経営者がいても、彼・彼女ひとりでは何も成し遂げられないという厳然たる事実である。

マネジメントとは「Doing things through others」（他者を通じて物事を成し遂げる）と定義される。

つまり、人をその気にさせ、人に動いてもらうことによってのみ、会社の目的、目標は実現される。盛田昭夫はこう語っている。(6)

……………………

トップ経営者がどれほど優秀な手腕があろうとも、またどんなに成功していようとも、企業の将来は結局、そこで働いている人びとの手に握られている。やや大げさな言い方をするならば、会社の運命を左右するのは社員たちなのだ。

会社は数多くの「役割」で構成されている。経営者はその中のほんの一部の役割を担っているにすぎない。

その自覚に乏しい経営者が大きな事を持続的に為すことはできない。

▼▼▼

人の能力には「幅」がある

2つめの理由は、人の能力には「幅」があり、「情」に働きかけることによって、より多くの能力を引き出すことができるからである。加護野忠男名誉教授はこう指摘する。(7)

資本と比べた労働に固有の性質は、価値の可変性にある。

私たちは人を評価するときに、他者と比較しがちである。「AさんはBさんよりも優秀だ」と相対比較して見るのが一般的だ。しかし、それはきわめて安易で底の浅い見方である。

Aさんより劣っていると思われているBさんは、じつは「能力が低い」のではなく「意欲があらわれていない」だけなのかもしれない。

Bさんが覚醒し、Bさんの「心」が仕事にあらわれれば、もっといい仕事をするかもしれない。そこにこそ人の可能性が潜んでいる。

私自身も経営コンサルティング会社の経営者として、そうした実例に数多く接してきた。火がつけばとてつもなくいい仕事をする若手を何人も見てきた。「能力の高低」ではなく、「意欲の引き出し方」が鍵なのである。

人という経営資源の「可変性」に気づいている経営者は、人を覚醒させ、目に見えていない（おそらく本人も自覚していない）潜在能力を引き出そうと努力する。

逆に、人の「可変性」に気づいていない、もしくは興味のない経営者は、人を簡単に交代させて、対処しようとするが、交代した人も目に見える能力を使い果たしたらまたお払い箱にしてしまう。

目に見えない人の「情」や「心」こそが優位性の源泉であることを自覚していないのだ。

仕事を「PLAY」のように楽しむ

以前、良品計画の金井会長とデンソーの「試作棟」を訪ねたことがあった。

試作棟は、新商品の試作を行うデンソーの心臓部のひとつである。

巨大な大部屋で、設計者と技能者がペアになり、熱い議論や試行錯誤を繰り返しながら、試作品をつくり上げていく。まさに、「創造する現場」である。

その仕事ぶりを見た金井会長は、「これはもう仕事ではないね。『PLAY』だね」と呟いた。

「PLAY」とは「遊ぶ」ことである。試作棟で行われているのは、たんなる作業ではなく、創造を楽しむ「PLAY」なのだと金井会長は指摘したのだ。

試作棟を案内してくださったデンソーの有馬浩二社長は、仕事を「DO」「WORK」「PLAY」の3つに分けて説明する。

「DO」は与えられた作業をこなすこと、「WORK」は自ら工夫して、改善に取り組むこと、そして、「PLAY」は新しいことに挑戦して、創造することである。

「生きている会社」で働く社員たちは、「WORK」や「PLAY」を楽しんでいる一方、「死んでいる会社」の社員たちは、たんなる「DO」に埋没している。

「生きている会社」と「死んでいる会社」の根本的な違いはここにあらわれている。

3 仕事の「やりがい」をどうつくり出すか

やりがい＋承認＝心の充足

社員たちの「心」が仕事にあらわれ、「情」に充ち溢れる会社になるためには、何が必要なのか。

人の「心」は多様である。何がその人の「心」に火をつけるかは、正直計り知れない。

しかし、「理詰め一辺倒」ではうまくいかないことだけは明らかである。岡潔はこう指摘する。(8)

……………

知には情を説得する力がない。

経営において「理」は大事だが、理屈、論理だけでは人は動かない。

「情」に充ち溢れる会社になるには、「やりがいの創出」「承認欲求の充足」という2つの条件を充たさなければならない。

つまり、仕事がやりがいのあるものであり、その努力、成果が正当に認められることによって、人の「心」は充たされるのである。

「情」が充たされれば、人は前向きになる。

より難易度の高い仕事、新しい仕事に挑戦しようとする意欲が沸々とわき上がってくる。

そして、人は仕事を通じて成長していく。

やりがいとは、「のめり込む」ことである。

目の前の仕事にのめり込んでいる社員がどれほどいるか。会社が「生きている」かどうかはそれを見ればわかる。

人の成長なくして、組織の成長はない。

「やりがい」と「承認」という当たり前のことにこだわることこそが、「生きている会社」をつくる道である。

▼▼▼

「やりがいのある仕事」に仕立てる3つのポイント

「社員一人ひとりにやりがいのある仕事を与えることなんて不可能だ」と冷ややかに指摘する人もいるだろう。

たしかに、会社の仕事の大半はオペレーション的な仕事であり、一見すると単調で、刺激に乏しく、ワクワクするような仕事には思えない。

ダイナミックで魅力的な仕事もあるが、そんな仕事に従事できる人はごくわずかだ。一部の恵まれた人たちだけがやりがいを感じても、「情」に充ち溢れた会社にはなりえない。

大切なことは、「make a job interesting and challenging」、つまり「仕事を面白くて、やりがいのあるものに仕立てる」ことである。考え方を変えれば仕事はいくらでも面白くすることができることを、会社で働くすべての人たちが自覚することである。

にもかかわらず、多くの人たちは「look for an interesting and challenging job」つまり「面白くて、やりがいのある仕事を探す」ことに終始している。

やりがいは見つけるものではなく、自らつくるものである。

一見単調でつまらない仕事に見えても、その仕事の奥深さや真の意味を知れば、探究心はわいてくる。

同じような仕事に従事しているのに、ある人は「DO」で終わっている一方で、ほかの人は「WORK」や「PLAY」にまで高めているという例はいくらでもある。

やりがいとは仕事そのものから生まれてくるものではない。その仕事に従事する人の「心」から生み出されるものだ。

では、どうしたら、やりがいをつくることができるのか。

その3つのポイントをひとつずつ見ていきたい。

▼▼▼

ポイント1 「教会」を見せる

まず何よりも大事なのは、会社がめざしている大きな目的・目標と社員一人ひとりの仕事の「つながり」を見せることである。

会社で行われているあらゆる仕事が、会社全体のゴールに向かわなければ、会社は大きな成果を上げることはできない。

イソップ童話に「三人の煉瓦職人」というよく知られている話がある。

「何をしているのか」と問われて、それぞれが「生活のために煉瓦を積んでいる」「煉瓦を積んで壁をつくっている」「教会を建てている」と答える。

会社にとって必要なのは、自分は「教会を建てる」ために煉瓦を積んでいると明快に答えることができる社員である。

「煉瓦を積む」だけでは、たんなる「タスク」（作業）である。

しかし、「教会を建てる」という目的を意識すれば、それは「ミッション」（使命）へと変わる。

「生きている会社」で働く人たちは「ミッション」を遂行しているのに対し、「死んでいる会社」の社員たちは「タスク」をこなすことだけに日々追われている。

天竜精機の芦部喜一前社長から、彼がトヨタ自動車に勤めていたころのエピソードを教えていただいた。生産部門を管掌する副会長が生産現場を訪ねるたびに、当時課長だった芦部氏にこう呟いたという。


…………

教会を見せてるかい？

副会長は中間管理職だった芦部氏に、会社がめざしている大きな目的や目標を現場で働く人たちに示しているかと問うたのである。

現場は目の前のことに追われ、ともすると大きな目的を忘れてしまいがちだ。それでは「何のために仕事をしているのか」「自分の仕事の意味や価値は何か」という根本的な意義を見失ってしまう。

そして、いつの間にか毎日のルーチンに埋没し、マンネリが生まれ、思考停止に陥ってしまう。「教会を見せる」とは、常に目的・目標を意識し、自分の仕事の意味や価値を自覚することにほかならない。

やりがいは「大きな目的」とつながったときに生まれる。常に「教会を見せつづける」ことが、経営者や管理職の重要な任務である。

大きな目的を語り、納得感を醸成することで協力会社の仕事ぶりを変えることに成功した都田建設の事例を見てみたい(9)。

ケース⑬

「教会を見せる」ことで協力会社の仕事を激変させた都田建設

浜松市に社員40人の小さな工務店がある。

その名は都田建設。地元での人気は高く、着工が数ヶ月先まで順番待ちという人気ぶりだ。注文住宅新築を中心に、リフォームや庭づくり、インテリアショップなども手掛けている。

都田建設の創業は1986年。

2007年に現社長である蓬台浩明氏が社長に就任し、「感動の家づくり」というコンセプトを打ち出し、業容を拡大している。

たんに家を設計し、建てるのではない。「家づくりそのものを感動の時間にし、記憶に残るような体験にしたい」というのが都田建設の思いである。

しかし、その思いは協力会社まではなかなか届かない。実際、解体工事を依頼している協力会社の仕事ぶりに、顧客から多数のクレームが寄せられた。

「解体工事が乱暴で、隣の家の車に傷をつけられた」「作業者の態度が悪い」など、基本的なところがまったくできていない。これでは「感動の家づくり」を実現できるはずもない。

蓬台氏は自ら協力会社に出向き、作業者たちを集めてもらい、率直に自分の思いをぶつけた。

「解体工事というのは、単に家を壊すのが仕事ではない。家族のたくさんの思い出が詰まっている家を解体するというのは、思い出を〝永遠〟にするとても大切で、カッコイイ仕事なのだ。だから、誇りを持って、丁寧にやってほしい」

蓬台氏はクレームをつけるのではなく、解体という仕事の意味や価値を問いかけた。目的を見失っている人たちと目的を共有することから始めなければ、仕事ぶりは変わらないと考えたのだ。

作業者たちはその言葉を真正面から受け止めた。

そして、仕事ぶりは劇的に変わっていった。いまでは顧客からお褒めの言葉をもらうまでに変貌を遂げている。

▼
▼
▼

ポイント2 「適度なストレス」を感じる仕事を与える

ストレスとパフォーマンスの関係性はよく知られている[10]［図表7◆1］。

新しいことや困難なことにぶつかると、人間はストレスを感じる。しかしその一方で、それを乗り越えようと覚醒する。

「適度なストレス」を与えることによって、個人の覚醒水準を高め、やる気を鼓舞することが有効であり、パフォーマンスも向上する。

ただし、ストレスが強すぎたり、逆にストレスがまったくない状態では、覚醒水準は低下し、やる気は生まれてこない。そして、パフォーマンスは低迷する。

岡潔は、仕事と情熱の関係について、こう語っている[11]。

図表7◆1 ストレスとパフォーマンスの関係

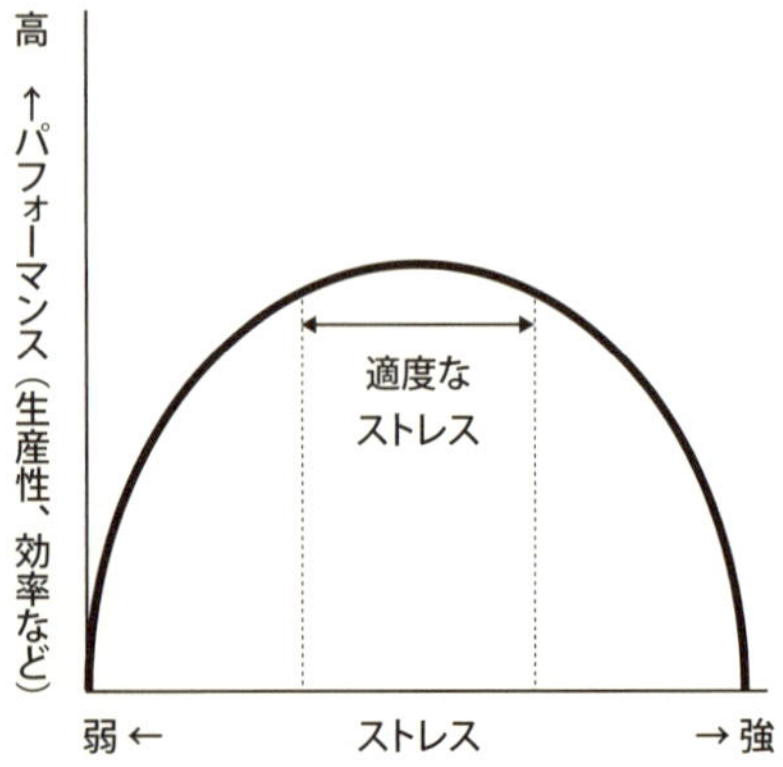

目標があまり遠くては情熱はわかない。目標が正しくなくても情熱はわかない。また、全然責任を感じないときにも情熱はわかない。やさし過ぎても情熱はわかない。

この難しいさじ加減をコントロールする唯一の方法は、社員一人ひとりの適性や能力を見抜き、その社員のそのときの状況に合わせた適切な仕事を上司が与えることである。

グーグルは「（ほぼ）実現不可能な目標を設定する」ことで、社員たちのやる気に火をつけている。

「ほぼ」というところが肝心である。普通にやっていたら実現できない目標を設定することによって、社員たちの発想転換を上手に誘導している。

また、目標の達成度を、わかりやすく具体的な目標で測定することによって、仕事に「ゲーム性」を持ち込み、モチベーションが下がらないように工夫している。

困難度の高い目標は、簡単には実現できず、どこかで必ず行き詰まる。この「行き詰まる」というプロセスがきわめて重要である。岡潔はこう続ける。

なんでも長くやっていますと行きづまる時期というものがあるものですが、数学のばあいはそれが完全に破りようのない壁のようなものに見えるのです。これからさきへは、人の智力ではとても研究を進めることができないにちがいない。そんなふうに思えるのです。

何度も行きづまっては打開するのですが、新しく行きづまるたびに、やはりかならずそう思うのです。

人は成長する。しかし、その過程では「行き詰まる」というストレスを必ず経験しなければならない。竹に節があるように、「行き詰まる」ことが人を強くする。

成長度合いによって、感じるストレスは変化する。

仕事の難易度と本人の成長が同期し、常に「適度なストレス」を与えつづけることが、やりがいの創出につながるのだ。

ポイント3 まかせ切る

やりがいをつくり出すために最もシンプルな方法のひとつが、仕事を「まかせ切る」ことである。「まかせる」ではない。「まかせ切る」のである。

中途半端に仕事をまかせても、人は成長しない。本当に人がやりがいを感じるのは、自分に対する信頼や期待を感じるときである。

「まかせ切る」とは、人の可能性を信じることだ。ヤマトホールディングス相談役の瀬戸薫氏はこう語る。(12)

考えれば考えるほど人は伸びる。(中略)

部下に考えてもらうのは、難しいことではない。勉強会を開いたり、クイズのような問題を出したりするより、もっと効果的な方法がある。

それは仕事を完全に、部下たちに〝任せてしまう〟ということだ。

「完全にまかせる」とは「まかせ切る」ことである。

人は信頼されていると感じれば、責任感とオーナーシップをもつ。やりがいはそこから生まれる。そして、最後の最後まで「やり切ろう」と懸命に努力する。

「まかせ切る」ことの大切さは、日本国内に限らない。むしろ海外拠点においてこそ、「まかせ切る」ことが大切である。

デンソーの有馬浩二社長は、イタリア子会社の再建を託された際、「まかせる勇気」を学んだと語る[13]。

従業員がなかなか思うように動いてくれず、いらいらさせられたこともありました。しかし、仕事を任せると失敗しても突き進んでいくようになりました。（中略）仕事を任せると心配で仕方ないのですが、イタリアでの経験から一定の距離感で見守り、何かあれば責任を取るという「見守るゆとり」が大事だと感じました。後は愛情を持って接すれば人は変わってくれると思っています。

……………………………………

もちろんうまくいかないこともある。失敗や挫折は付き物だ。

しかし、失敗や挫折を「他責」ではなく「自責」と捉えることで人は成長する。人の期待に応えようとすることほど、人が成長する場面はない。

中途半端にまかせることが一番まずい。「まかせる」といっておきながら、途中で介入することが、人の「心」を最も傷つける。

それでは「心」が仕事にあらわれるはずもないのである。

4 承認欲求を充たす

人とは他者から認められたい存在である

「情」に充ち溢れる会社になるための2つめの鍵は、「承認欲求の充足」である。

いくらやりがいある仕事に従事しても、その成果やプロセス、それによる自分の成長が他者から承認されなければ、人の「心」は充たされない。

米国の心理学者アブラハム・マズローが人間の欲求を五段階に分ける「欲求五段階説」を主張したのはあまりにも有名である。

彼が打ち出した5つの欲求、つまり生理的欲求、安全欲求、社会的欲求、承認欲求、自己実現欲求の中で、経営において重要となるのは、承認欲求と自己実現欲求の2つである。なかでも、承認欲求の充足は「生きている会社」になるための必須条件ともいえる。

承認欲求とは「他者から認められたい。尊敬されたい」という欲求である。会社内、職場内で自分の存在価値を認められたい、他者から評価されたい、褒められたいという欲求は人間の本能である。

マズローは「低次の欲求が充たされなければ、さらに高次の欲求は出現しない」と指摘する。つまり、承認欲求が充足されることがなければ、自己実現をしたいという欲求は出現しないのだ。

「できて当たり前、やって当たり前」と思われがち

にもかかわらず、承認欲求が充たされている社員は社内のごく一部にすぎないのが、多くの会社の実状である。

なぜ多くの社員たちの承認欲求は充たされていないのか。

会社にはオペレーションを担う部門がある。価値を生み出すために、毎日決められた仕事を決められたように遂行するのがオペレーション部門の役割である。

鉄道会社であれば、利用者を安全かつ安定的に輸送するのが仕事であり、そのオペレーション部門で多くの社員たちが毎日仕事に従事している。

じつは、決められた仕事とはいっても、けっして毎日同じ状況ではない。状況は時々刻々変化する。

天候などで電車が遅れることもあるし、体調の悪い利用者が出るかもしれない。そうしたイレギュラーな事態が起きても、安全輸送、安定運行を確保するのがオペレーション部門の責務である。

オペレーションの仕事というのは、「できて当たり前、やって当たり前」と思われがちだ。

「鉄道は遅れないのが当たり前、安全は確保されて当たり前」と利用者は思っている。

実際には、安全・安定輸送を確保するために、現場は日々懸命の努力をしているのだが、それは利用者からは見えない。一方で、少しでも鉄道が遅れたりすれば、利用者からたちまちのうちに苦情や批判の声が来る。

オペレーション部門は仕事の特性上、他者から認められたり、褒められることがきわめて少ない。つまり、社員たちの承認欲求は充たされにくいのである。

「無関心」こそ最大の敵

承認欲求が充たされていない現場は無表情である。まるで機械のように淡々と仕事をこなすだけで、人の「心」が見えてこない。

無表情の理由は、「無関心」の蔓延である。一人ひとりが自分の仕事、役割さえ黙々とこなせばいいと考え、日常に埋もれてしまっている。

何のために仕事をしているのかという目的意識が希薄になりがちで、自分のこと、目の前のこと以外に興味がなくなってしまう。

お互いに協力し合うとか、みんなで創意工夫するなどのチームワークに乏しく、たんなる作業マシーンと化してしまう。「死んでいる会社」の典型的症状である。

私はこれまでに400を超える現場を訪ねてきたが、生気のない現場に共通するのは、現場で働く人たちの承認欲求がまったく充たされていないことである。

現場の社員たちはけっして褒められたいわけではない。しかし、あたかも空気のように当たり前の存在として扱われ、自分たちの毎日の努力が誰にも認められないことが、現場を無表情にするのである。

会社は「無関心」の蔓延に陥らないための仕組みを講じなければならない。

とくに、「できて当たり前、やって当たり前」と思われている仕事においては、社員たちの「心」が仕事であらわれたときを見逃さずに、こまめにその努力や成長を認めたり、褒めたりする仕組みが不可欠である。

多くの会社には現場における改善活動などを表彰する仕組みはあるが、それは一部の人たちを対象とする非日常的なものである。それだけでは、大半の人たちの承認欲求は充たされない。

承認欲求は、日常においてすべての人たちを対象に充たされる必要がある。

社員たちのちょっとした努力や成長などを見逃さずに、日常的に認め、褒めることこそが何より大切である。

褒める仕組みの導入によって、現場で働く人たちの活性化に成功した清掃会社の事例を見てみたい。(14)

ケース⑭

現場の努力を浮かび上がらせ、活性化に成功したTESSEI

JR東日本の子会社であるJR東日本テクノハートTESSEIは、新幹線の車両清掃を担っている。

7分間で完璧に清掃を終えるその仕事ぶりは世界最速の「魅せる清掃」として知られている。ハーバード・ビジネス・スクールが教材として取り上げるなど、その現場力は世界的にも大きな注目を集めている。

しかし、実際に従事している清掃という仕事は、「きつい・汚い・危険」といういわゆる3Kの職場である。

きれいな状態が「当たり前」で、汚れている状態から社員の努力できれいな状態に戻しても、「それが当たり前」と思われてしまう。

かつては、現場の社員の努力は誰にも承認されずに埋もれていた。それでは現場の士気が高まるはずもなかった。

そこで、同社が導入したのが、「エンジェル・リポート」という仕組みだった。現場で地味だけどいい仕事をした人たちを「エンジェル」と呼び、そうした「エンジェル」を浮かび上がらせることが目的である。

「エンジェル」を見つけ、浮かび上がらせるのは、現場業務を監督する現場リーダーの主任たちである。現場管理を行うだけでなく、「エンジェル」を発掘し、そのがんばりを認め、褒めることを主任の重要な仕事としたのである。

いまでは、毎年3000件近い「エンジェル・リポート」が報告される。平均すると、毎日10件近いリポートが現場から上がってくる。その対象者は全社員の7割以上にも上る。

ひとつずつは小さな努力、がんばり、成果である。

駅内で道に迷った人を案内する、汚い箇所を率先して清掃する、掃除用具を使いやすいように改善するなど、ちょっとした現場の努力や知恵を見逃さずに承認する。この会社を活性化する方法はそれしかないと粘り強く継続してきた。

実際、「エンジェル・リポート」を導入して以来、現場の人たちの意識は大きく変わった。「誰かがちゃんと見てくれている」という事実が、現場で働く人たちの意識を変え、大きな励みになっている。

「エンジェル・リポート」は表彰制度ともリンクしている。

かつてはチームに対する表彰だったが、個人表彰に変えた。一人ひとりの意識と行動を変えるためには、個人のいい取り組みを直接表彰することが効果的だと考えたのだ。

表彰制度もじつにきめ細かい。月間、半期、年間の3つに分けて、できるだけ多くの社員をこまめに表彰するよう工夫している。

さらに、「がんばっている人を褒める」だけでなく、「よく褒めた人を褒める」ための賞も新設した。「認める、褒めることを、会社の文化として定着させたい」という会社の思いがそこには込められている。

貢献感が真のやりがいにつながる

承認欲求を充たすことは、人の仕事に大きな影響を与える。しかし、人間はそれだけでは満足しない。

承認欲求はあくまでも「自分のために」努力し、そのがんばりが認められ、「心」が充たされるものである。他者承認が得られた人は、やがてそれだけでは「心」の充足が得られなくなる。

人間の「心」が真に充たされるのは、自分のためではなく、「ほかの人のために」努力し、人の役に立つ、組織の役に立つ、社会の役に立つことである。誰かの役に立つという「貢献感」こそが、人を最も活性化させる。

貢献感を感じた社員たちは、そうした機会を与えてくれた会社に対する帰属意識を高めていく。そして、一緒に努力した同僚たちとの仲間意識も醸成される。

帰属意識、仲間意識の高まりは、組織を「共同体」へと導き、より強固な絆が生まれる。

「生命体」としての活性化は、「共同体」の力強さとなり、「経済体」としての優位性につながっていく。

何でも自由に「言える」会社をめざし、若手社員たちに貢献感をもたらし、持続的に成長する赤城乳業の取り組みを見てみよう。(15)

ケース⑮

若手社員たちの貢献感で成長を続ける赤城乳業

国民的アイスキャンディー「ガリガリ君」で知られる赤城乳業は、アイスクリーム業界で最も成長性の高い会社のひとつである。2016年まで10年連続で増収を実現し、数多くのユニークなヒット商品を世に送り出している。

赤城乳業は「強小カンパニー」をめざしている。

売上規模で見れば、同社より大きな会社はいくつもある。しかし、規模は小さくても、強い会社であれば、成長することができる。

「体格」ではなく「体質」で勝負するのが、同社の基本戦略である。同社のホームページには、その思いがこう記されている。

「ひとりひとりが『遊び心』いっぱいの人生を送りましょ。(そんな人たちが集まれば、小さくても強い会社にきっとなれるはずだから。)」

「強小カンパニー」を実現するために、赤城乳業がこだわっているのが「言える化」である。

自由に何でも「言える」会社でありつづける。新入社員だろうが、経験が浅かろうが、自分の意見やアイデアを自由闊達に「言える」会社であることにこだわっている。

それがユニークな商品開発、「遊び心」満載の販促施策、工場での改善活動などに生きている。

若手社員であっても自由にのびのびと仕事をしている。大きな仕事をまかされ、壁にぶつかりながらも、それを乗り越え、会社に貢献しているという大きな自負をもっている。

井上秀樹会長は新入社員に「会社のために働くな。自分のために働け」と釘を刺す。「会社のため」を考える前に、「自分のため」をまず考える。自分を知り、自分を好きになり、目の前の仕事を好きになる。

それができれば、そうした「場」を与えてくれた会社にも自ずと愛着がわくはずである。井上会長はこう指摘する。

「社員のモチベーションを高めるために必要なのは、連帯感、成長感、貢献感の

3つだ。なかでも、とりわけ大切なのは貢献感だ。人の役に立っていることが認識できれば、人は努力を続けられる」

チームに貢献している、会社に貢献している、顧客に貢献している、社会に貢献している。貢献の対象は幅広い。

しかし、社員一人ひとりが「自分の仕事は何の役に立っているのか」を自覚する会社は、力強く、前向きである。貢献感こそが人の「心」があらわれている証左なのである。

5 「魂」を継承する

「利」よりも大切なものは「魂」である

「生きている会社」をつくるためには、「熱」「理」「情」の3つの要素を揃えることが大事だと語ってきた。その結果、生まれるのが「利」（利益）であるとも説明した。

しかし、本当は「利」よりも大切なものが生まれる。それは「魂」(spirit)である。人間の社会を豊かにし、幸せなものにするために、新たな価値を生み出しつづける。そのために会社は存在する。

価値創造を実現するために、困難な目標に挑戦し、粘り強く実践し、価値創造を実現し、陳腐になったものは代謝するという会社の永続的な営みを支える精神的支柱、つまり「魂」こそが会社が残すべき最も大切なものである。

創業者をはじめとする歴代経営者たちが、どのような思いを抱き、何をめざして、どのように苦難を乗り越えてきたのか。そのストーリーの裏には、必ず熱き「魂」が潜んでいる。

「魂」は「利」よりもはるかに重要である。

「利」によってもたらされるお金は使えば消えてしまうが、「魂」は人間の意志さえあれば永久に残すことができる。

「魂」が残れば、新たな挑戦がまた始まり、新たな価値創造を期待することができる。「魂」こそが、会社が継承すべき目に見えない資産なのである。

「魂」とは経営を支える「精神」のことである。

起業家精神、企業家精神、開拓者精神、進取の精神……。価値創造という困難なプロセスを通して、こうした精神が芽生え、鍛えられ、本物になっていく。加護野忠男名誉教授はこう指摘する。[16]

経営精神は、意識されて伝承されるものであるし、普遍性を持ちうるものである。パナソニックとソニーは明らかに違う文化を持つが、日本のモノづくりの企業として共通した精神を持っている。その現れ方が違うだけなのである。

そして、加護野名誉教授は「日本企業で働く人々の内部で大切な精神が蝕まれている」と警鐘を鳴らしている。

グーグルやアマゾンなどの会社は、開拓者精神、積極果敢の精神に充ち溢れている。その精神こそが、挑戦や失敗を恐れない彼らの行動を支えている。日本企業が見習うべきは、その精神である。

中堅・若手社員たちが会社の「心」を掘り起こし、会社の「魂」を継承しようと奮戦するシェアードサービス会社の事例を見てみたい。

ケース⑯

創業以来の「心」をDNAとして残すOBCOの取り組み

オリックス・ビジネスセンター沖縄（OBCO）は1999年にオリックスグループの営業事務を集中処理するシェアードサービス会社として設立された。

2015年には800人近くまで業容を拡大し、オリックスグループの事務コストの削減、営業の余力創出などの面で大きな成果を上げている。

ＯＢＣＯは業務を徹底的に「科学」し、飛躍的に生産性を高めた好事例として業界内ではよく知られている。

現場での業務実態をリアルタイムで計測、把握し、繁閑調整を機動的に行う。目まぐるしく変化する現場の業務をタイムリーに可視化し、ムダや問題点をあぶり出し、すぐさま手を打つ。現場を日常的に「科学」することによって、圧倒的な生産性向上を成し遂げている。

さらに、在宅ワークの拡充、ＲＰＡ（ロボットによる業務自動化）の導入など先進的な取り組みにも果敢に挑戦し、新しい働き方を模索、追求している。

そのＯＢＣＯが片平聡前社長の肝いりで取り組んだのが「ＫＵＫＵＲＵプロジェクト」である。

「ＫＵＫＵＲＵ」とは沖縄の方言で「心」のことだ。

働く人が代わっても、取り巻く環境が変わっても、変わることなく残していきたい大切な「心」を整理し、明文化することが、プロジェクトの目的である。

中堅・若手メンバー９人が選ばれ、約９ヶ月かけて、経営幹部や先輩たちにインタビューを実施し、ＯＢＣＯの現場で繰り広げられてきたさまざまなエピソードを拾い集めた。そして、その根底にある「心」を掘り起こしていった。インタビューの対象者は数十人にも上った。

ＯＢＣＯが大切にしてきた「心」を抽出するプロセスでは、メンバーたちは大いに苦戦し、迷走した。

先輩たちに「わかっていない」「気持ちがこもっていない」などと何度もダメ出しをされたが、それは先輩たちによる熱い叱咤激励でもあった。

そして、苦労の末にプロジェクトメンバーたちがまとめ上げたのが、「ＫＵＫＵＲＵ　ＢＯＯＫ」と「エピソードコレクション」である。

「ＫＵＫＵＲＵ　ＢＯＯＫ」にはＯＢＣＯが大切にしてきた共通の価値観が整理され、「エピソードコレクション」には数多くの具体事例が記されている。「エピソードコレクション」にはこう記されている。

「今、ＯＢＣＯで活躍している先輩方も、最初から順風満帆だったわけではありません。どうしたらいいのかわからない状況に悩み、時には涙を流しながら、それでも前向きに壁を乗り越えて、今のＯＢＣＯを築き上げてきました。（中略）エピソード集はこれで完結したわけではありません。まだ第一章が始まったばかりです。これから皆さんひとりひとりが主人公となって新たなページを加えていってほしい、進化させていってほしいと期待しています」

何もしなかったら消えていってしまったかもしれないＯＢＣＯの「心」が、形として残り、目に見えるようになった。

「心」の継承は始まったばかりである。いまでは、これらを活用しながら、「心」を伝えるための人づくりの活動が進んでいる。

❖「生きている会社」の必要条件

▼「生きている会社」をつくるためには「熱」「理」「情」という3つの条件を充たさなければならない。「利」はその結果生まれるものである。

❖「生きている会社」は「熱」を帯びている

▼会社全体が「熱」を帯び、高い体温を保たなければならない。

▼「熱」は個の思いから生まれる。思いを共有する「分身」をつくり、会社内の「熱源」を増やさなければならない。

▼失ってしまった「熱」は、原点に戻ることによって取り戻すことができる。

▼新たな理想を掲げることによって、「熱」を再生させることができる。

❖「生きている会社」は「理」を探求している

▼会社は合理的な存在でなくてはならない。常に現実と向き合い、「理」を探求しなければならない。

▼「理」は戦略レベルと実行レベルに大別できる。

▼戦略レベルの「理」とは、模倣困難な差別化を実現することである。

▼そのためには「①適社性の見極め」「②中長期視点での洞察」「③コアの育成」「④スピーディかつ粛々たる代謝」の4つが重要である。

▼実行レベルの「理」とは、組織能力を高め、合理的に実行することである。差別化されたケイパビリティこそが最大の優位性である。

▼そのためには「①実行を科学する」「②武器としてのスピード」「③微差力」「④ナレッジワーカーの育成」が鍵となる。

❖「生きている会社」は「情」に充ち溢れている

▼「情」とは人の「心」のことである。会社は社員一人ひとりの「心」を充たさなければならない。

▼人は最も活用されていない経営資源であると同時に、その能力は可変的である。「情」を充たすことが、会社にとって最も合理的なことである。

▼「心」を充足するために必要なのは「①やりがい」と「②承認欲求の充足」である。

▼やりがいを生み出すためには「①『教会』を見せる」「②適度なストレス」「③まかせ切る」ことが重要である。

▼承認欲求を充たすには「①褒める仕組み」「②貢献感の醸成」の2つが効果的である。

▼「生きている会社」でありつづけるためには、「魂」を継承することが不可欠である。「魂」は「利」よりもはるかに重要である。

第III部

どうすれば「生きている会社」をつくることができるか

第8章

実践すべき「10の基本原則」

1 「熱」「理」「情」はつながっている

3つの条件をひとつにつなげ、重ね合わせる

「生きている会社」になるための3つの条件、つまり「熱」「理」「情」について語ってきた。そして、いまあることに気づく。

それは、これら3つの条件はそれぞれが独立しているように見えるが、じつは密接につながっているということである［図表8◆1］。

「生きている会社」になるためには、「熱」が起点となる。

ほとばしるほどの「熱」がなければ、何も新しいものは生まれない。すべては、会社が「熱」を帯びることから始まる。

しかし、「熱」だけでは会社の成功はありえない。

「熱」を帯びるからこそ、それを実現するために「理」にこだわり、探究する。どうすれば目的を達成することができるかを「理詰め」で考え、実行するようになる。

そして、「理」の探求の行き着く結論は、「情」を大切にすることである。

人の「心」を充足させることが、人を活かし、目的を達成する最も合理的な道である。

図表8◆1　3つはひとつ

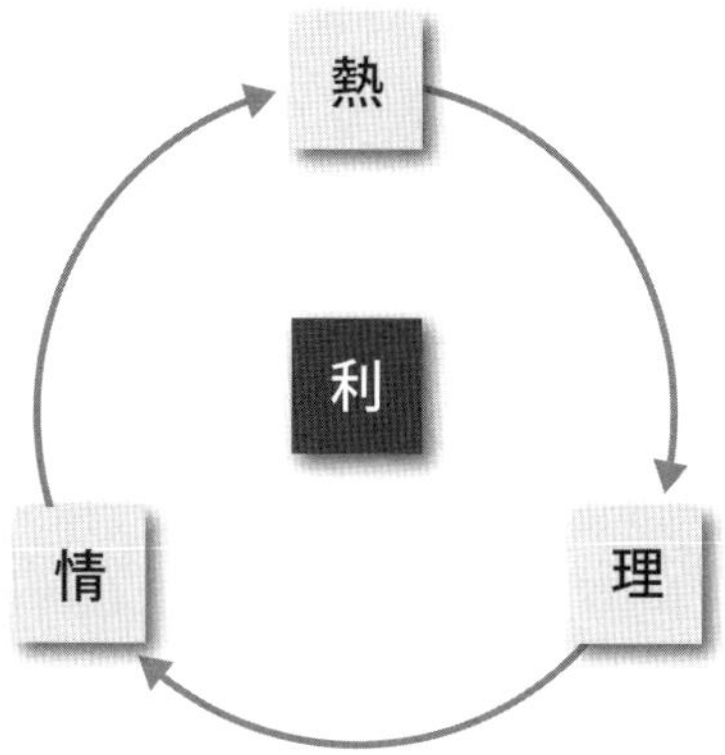

そして、充たされた「心」が新たな「熱」を生み出す。

つまり、「熱」「理」「情」は3つの独立した存在ではなく、ひとつの循環としてつながっている。「生きている会社」になるための条件は、じつは3つではなく、ひとつなのである。

どれかひとつが欠けていても、「生きている会社」にはなりえない。3つの条件を整え、ひとつにつなげ、重ね合わせることこそが、マネジメントという仕事である。

第Ⅲ部では、どうすれば「生きている会社」をつくることができるのか、そのための実践上の示唆について考えていきたい。

みんなで「生きている会社」をつくる

「生きている会社」は、経営トップだけではつくれない。会社で働くすべての人たちが能動的、積極的に関与し、当事者として機能しなければならない。「生きている会社」は、みんなでつくり上げるものである。

「熱」の発生源は、経営トップである。「会社の目的」を定め、ほとばしる情熱で理想を熱く語ることからすべては始まる。

しかし、その目的が野心的であればあるほど、経営トップひとりでできることは限られている。

社員たちに自らの「熱」を伝え、全社で「理」を探究し、すべての社員の「情」を充たさなければならない。会社の根っこを元気にし、ひとつずつの根毛を活性化させなくてはならない。

それは短期的に利益を上げることよりも、はるかに難しい。しかし、会社が永続し、長期的に結果を出しつづけるためには、「『生きている会社』はみんなでつくるのだ」という大原則を忘れてはならない。

次節以降で、「生きている会社」をつくる過程において常に念頭に置くべき「10の基本原則」について考えてみたい。

それぞれ冒頭に紹介しているエピソードは、私が実際に現場で見聞きした社員たちの声だ。「生きている会社」になりきれない、もしくは「死んでいる会社」の典型的な症状のあらわれであり、社員たちの悲痛な叫びでもある。

2 基本原則❶代謝のメカニズムを埋め込む

【エピソード】

代謝が進まず、低成長、低収益に喘ぐA社の惨状

世の中では、売上重視から利益重視に変えている会社が多いようですが、うちの会社は相変わらず売上至上主義のままです。

売上げを伸ばせば、利益はついてくるという昔からの考え方が染みついていて、利益意識が低いままです。

その結果、赤字の事業や製品がそのまま放置されています。

限界利益は確保しているので工場の稼働率向上には役立っているとか、大切な顧客なので

赤字でも切れないなど、勝手な理屈を並べ立てていますが、要は捨てるとかやめるとかの決断ができていないだけです。

丼勘定が蔓延しているので、赤字事業、赤字製品を担当している事業所や社員たちにもあまり罪悪感はないようです。社長も売上げを減らしたくないようです。メンツがあるんでしょうね。

でも、このままでは永遠に低収益会社のままだとみんな思っています。

▼▼▼

強い意思をもって「いらないもの」を代謝する

「生きている会社」になるために、何よりも大切なのは代謝である。

本書で繰り返し語ってきたように、代謝なくして創造は起こりえない。

創造を実現しようとするのであれば、適切なタイミングで適切な代謝を実行するメカニズムを埋め込む必要がある。

会社は「いらないもの」だらけである。

しかし、「いらないもの」が自然に消えてなくなるわけではない。「いらないもの」は明確な意思をもって、片付けなくてはならない。

日本企業は代謝が不得手である。エピソードで紹介したA社のように、赤字事業や赤字製品が放置されている会社はいくらでも存在する。

「赤字だからいっきに片付けろ」という乱暴な議論をしているのではない。未来につながりうる「健全な赤字」かどうかが問題なのである。

もちろん日本企業もまったく代謝をしていないわけではないが、多くの場合、小出しであり、中途半端である。「デーワン」の新鮮さを保つほどの大胆さやダイナミックさに欠ける。

短期的に見れば、あえてそこまで代謝しなくてもいいかもしれない。しかし、中長期的な目標を実現しようとすれば、凡庸なもの、不要なもの、いらないものは思い切って整理し、自己変革を進めざるをえない。断固たる代謝は、未来を創造するという経営の意思と覚悟の表明である。

代謝の必要性は、事業の整理だけではない。業務、組織、人というすべての側面において常に心がけ、実践しなくてはならない。

やめる、捨てる、削る、入れ替えるは日常の中で意識的に行うべきものである。代謝こそ創造の母なのである。

代謝を日常化する

会社は日常的に代謝を行い、常にフレッシュな状態を保つことが基本である。老廃物や贅肉が溜まらないように、定期的、連続的に代謝を進めることが肝要だ。

会社を設立して10年経ってもフレッシュな会社でありつづけるマザーハウスは、代謝を日常化することによって「デーワン」でありつづけている。

マザーハウスは創業以来、無意味な膨張は追わず、丁寧に「質」を追求する経営を大事にしている。そのために、必要なタイミングで捨てたり、やめたり、入れ替えたりを繰り返している。

たとえば、創業当初、売上げを増やすために卸を起用した。海外展開についても商社や仲介業者を使うことも検討した。しかし、自社ブランドを確立するためには、どんなに苦労してでも自力でやろうと決め、卸や商社の活用という選択肢は捨てた。

当初は派遣社員やアルバイトを活用したが、これも正社員に切り替えた。コスト面での負担は大きいが、ブランドを大切にするためには、正社員でなければならないとこだわっている。

「目先の効率性を追求する」という考え方を捨てたからこそ、マザーハウスというブランドが輝きはじめている。

商品や店舗でも、思い切った代謝を実行している。

売れない商品は即廃番にし、時流に合わなくなったテイストの商品も思い切って捨てている。苦労して出店した思い入れのある店舗も、「旬が過ぎたな」と判断したら閉店している。

人についても入れ替わりがある。

大企業から入社してきて、常識論ばかりを振りかざすような人は去っていった。残ってほしい人がさまざまな理由で辞めるという経験もしているが、結果を見れば、上司が去ったおかげで部下が力をつけ、成長している。

山口絵理子社長は私宛てのメールの中でこう語っている。


マザーハウスは新陳代謝が得意な会社だと思います。とりあえずやってみるけど、自分たちの信念や軸に合わないなと思ったら、捨てたり、やめたりしてきました。変化が激しい時代なので、その変化に敏感に気がつけるかどうかが鍵だと感じています。新陳代謝を繰り返してきたからこそ、ここまで来られたと思っています。

······························

不純物が混じると、大事なものが見えなくなる。

自社の目的や方針に沿って、いらなくなったもの、合わないものを整理し、片付ける。それは「会社にとって本当に大事なものは何か」を見定める作業でもある。

▼
▼
▼

「基準」をもとに判断する

実際に代謝を進めようとすると、反対意見が必ず出てくる。そうした否定的な声や反発

図表8◆2　代謝のメカニズム

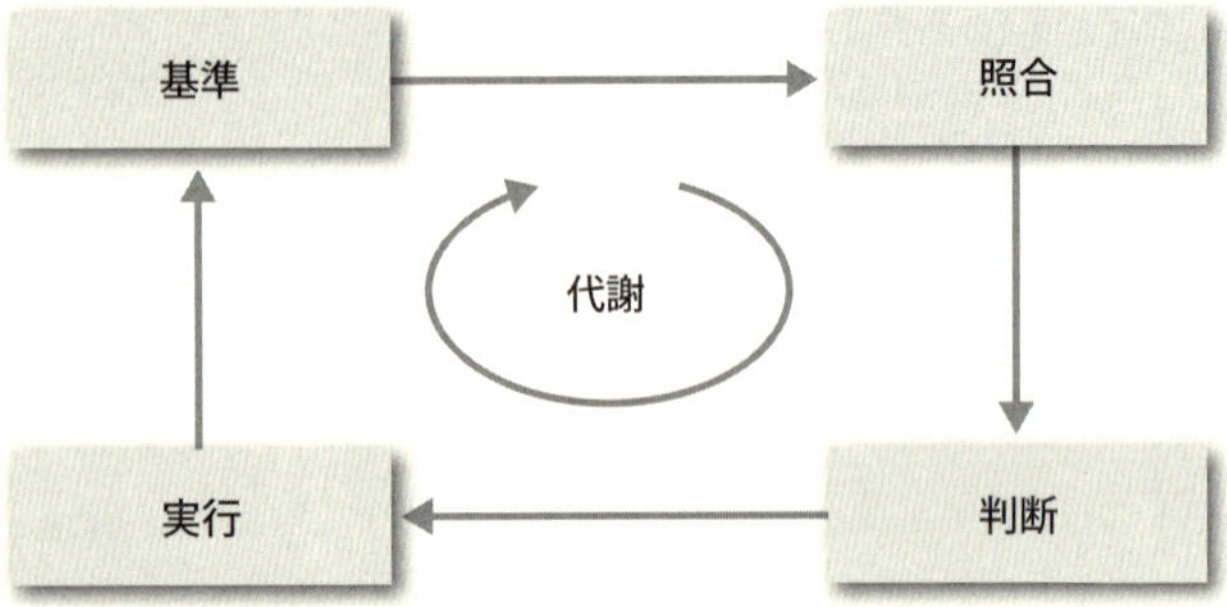

を押し切って代謝を進めるには「合理的なメカニズム」を埋め込む必要がある。

つまり、共通の「基準」を明確にし、それに照らし合わせて「いる」「いらない」、「残す」「残さない」の判断をしていかなければならない。

たとえば、赤字事業だからといってすぐに撤退と短絡的に判断すべきではないが、「3年連続で赤字」という明確な「基準」があれば、ぶれない判断ができる。3年努力して、それでも赤字ならばやむをえないという納得性も醸成できる。

私が関わったある製造メーカーは、数多くの赤字事業を抱えていた。

社内では個別事業の撤退、存続、売却などの個別論ばかりが繰り広げられ、「撤退すべきだ」「いや、残すべきだ」の不毛の議論に終始していた。

この会社に欠けていたのは、「基準」である。「基準」をベースにした合理的な意思決定のメカニズムが欠如していたのだ。

そこで、事業、製品についての「撤退基準」を役員間で徹底的に議論し、明確にした。その数年後には、赤字事業、赤字製品はほぼ一掃され、会社の収益性は大きく改善した。「基準―照合―判断―実行」という代謝のメカニズムを埋め込むことによって、定期的に代謝を促していく。そして、そこから生み出されるリソースを、より戦略性の高い分野に振り向けていく。それによって創造は加速されるのである【図表8◆2】。

3 基本原則❷「ありたい姿」をぶち上げる

【エピソード】

経営者が夢や理想を語らず、沈んでいくB社の惨状

うちの会社は保守的で、きわめて堅実です。「会社を潰してはならない」という先代からの教えを頑なに守っています。

でも、最近は売上げもじり貧状態で、利益率も低迷しています。「手堅い」と「何もやらない」というのは違うことだと思うのですが、何か新しいことに挑戦するという意識がとて

も希薄です。

社長や役員たちも漠然とした不安は感じているのだと思いますが、一切、夢や理想を語りません。目の前の数字や今期の決算がどうなるかばかりを気にしています。

上がそうだから、下のほうにいけばいくほどもっと保守的になります。現状維持が目標みたいに考える社員ばかりです。

このままでは間違いなく「沈みゆく船」です。嘘でもいいから、社員たちが熱く燃えるようなビジョンを語ってほしいのですが……。

「できる、できない」は関係がない

「生きている会社」になるために代謝は不可欠だが、それはあくまでも前提条件である。代謝から創造へとつながる太い道筋をつくらなければならない。

創造の第一歩は、理想を語ることである。経営トップが未来の「ありたい姿」を熱く語り、理想を掲げることからすべては始まる。

「ありたい姿」を語るということは、会社の「旗」を掲げることである。「旗」が立っていなければ、会社とは呼べない。エピソードで紹介したB社には「旗」が立っていない。

「ありたい姿」は不連続の挑戦である。

現状の延長線のままでは「ありたい姿」には到達できない。だから、これまでの常識を否定し、新たな発想ややり方を模索しようと努力する。

そこから従来の枠組みを超えた柔軟かつ大胆なアイデアが生まれてくる。元ソニー副社長で、「プレイステーション」の生みの親である久夛良木《くたらぎ》健氏はこう語っている。(1)

> 多くの人が目先の戦術・戦略を追い求めるが、それよりもまずどんな未来を創りたいか、どんな魅力的なサービスや製品を生み出したいか、という「妄想力」も大事だ。妄想からの逆算で戦略を練っていけば楽しいのでは。

いま、できるか、できないかは関係がない。どうしたらできるかを真剣に考え、粘り強く行動することによって、会社は新たな能力を手に入れることができる。

本田宗一郎は会社創立6年後の1954年、オートバイの世界最高峰のレースである英国マン島で行われる「マン島ＴＴレース」への出場を宣言し、優勝をめざすと社員たちにぶち上げた。(2)

当時、ホンダは経営難に陥っていた。本来なら、レースなどとんでもない状況である。

そんなときに、宗一郎は現場の社員たちを集め、ミカン箱の上に乗り、決然とＴＴレース出場をぶち上げ、彼らを煽った。

社員たちはポカンと口を開け、「このオヤジ、何を言っているんだ……」と訝しがったが、宗一郎は次のように宣言した。[3]

私は現実に拘泥せずに世界を見つめていたつもりであるが、やはり日本の現状に心をとらわれ過ぎていたことに気がついた。今や世界はものすごいスピードで進歩しているのである。

しかし逆に、私の年来の着想をもってすれば必ず勝てるという自信が昂然と湧き起こり、持ち前の闘志がこのままでは許さなくなった。

（中略）まさに好機至る！　明年こそはＴＴレースに出場せんとの決意をここに固めたのである。

宗一郎がぶち上げた「大ボラ」は当初、社内外で冷笑された。「できもしないことをいって、いったいどうするんだ」という声も上がった。

しかし、宗一郎の本気さは、徐々に社員たちに乗り移っていった。社員たちは社長の「大ボラ」に乗り、気持ちがひとつになっていった。

宗一郎が掲げたのは、たんにひとつのレースに参加するという小さなことではない。それは「世界で勝負する」「世界的なメーカーになる」という宗一郎の「ありたい姿」の象徴だった。

「大ボラ」をぶち上げた５年後の１９５９年、ホンダはＴＴレースに初出場し、その２

年後に125cc級、250cc級の2部門で1位から5位までを独占するという快挙を成し遂げた。

その瞬間、「大ボラ」は「大ボラ」でなくなった。世界のホンダはここから始まったのである。

▼▼▼

「ありたい姿」は「PTA」で描く

「ありたい姿」をぶち上げ、真面目な「大ボラ」を吹くには、「PTA」という考え方が大切である。

PTAとは「Positive Thinking Attitude」の略で、物事を常に前向きに捉え、考えようとする姿勢、態度のことである。

「ありたい姿」はPTAでなければ描けない。

もちろん、その実現過程では思いどおりにいかないことが山ほど起きる。難易度の高い目標を掲げているのだから、その実現は容易ではない。

高い目標だからこそ、一歩一歩を大事にしなければならない。「生きている会社」は、「着眼大局、着手小局」の重要性を認識している。

「大胆な小心者」という言葉もある。

大胆に「大ボラ」は吹いても、その道のりは小心者の注意深さ、用意周到さが求められる。理想と現実、夢と堅実を行ったり来たりしながら前進するのが、「生きている会社」という「生き物」である。

「ありたい姿」を実現する過程は、困難の連続である。大きな障害や壁に必ずぶつかる。たんに「やる」(do)ではけっして到達できない。求められるのは、「やり切る」「やり抜く」「やり通す」(penetrate)である。

「ありたい姿」を掲げるからこそ、最後まで貫徹するのだという執念がわき上がってくるのだ。

4 基本原則❸ 骨太かつシンプルな「大戦略」を定める

【エピソード】

先端的な技術開発に携わるC社の技術者たちの不信感

”世界でも注目を集めるような技術開発に携わっているので、友人たちにうらやましがられます。たしかにやっていることは先端的な分野です。

でも、先端的なことをやっているからといって、その現場が活気に溢れているとは限りません。実際、私の職場では、技術者たちの不満が大きい。やる気が低下し、みんな冷めています。

会社のスタンスが定まらないことが最大の理由です。

会社の方針が二転三転し、開発予算が大幅に削減されたり、実験が途中で中止になるようなことが何度もありました。

会社の本気さや覚悟も感じられません。部長や課長に説明を求めても、「上の方針が定まらなくて……」と逃げの言い訳ばかり。

社長の肝煎りで「将来の柱にする」とぶち上げたときはみんな燃えましたが、ほかに有望な事業が見つかると、そちらが優先されます。その事業がこけると、急に矛先を変えて、開発を急かされる。どんな会社になりたいのかがまったく見えてきません。

嫌気がさした先輩は転職してしまいました。「そろそろ自分もかな」と考えはじめています。

「ぶれない軸」を示す

「ありたい姿」を掲げることは、会社の「中心」を定めることである。

会社の使命、理念、信念、ビジョン……。それぞれの言葉のニュアンスは少しずつ異なるが、そんなニュアンスの違いはここではたいした問題ではない。大事なのは、会社が存在する理由、つまり「ありたい姿」を明示することである。

しかし、往々にして「ありたい姿」は漠然とした、普遍的、一般的なものになりがちである。漠然とした共感だけでは、社員たちは何を、どのようにがんばっていいのかが見えない。

多くの会社には、名称はどうあれ、「会社の目的」を示す理念らしきものがある。会社の数値目標などを示す中期経営計画を策定している会社も多い。

しかし、その合間を埋めるべき「大戦略」(grand strategy)がハッキリしていない会社がじつに多い。

「ありたい姿」を実現するために、具体的に何を柱にするのかという経営の大きな意思こそが「大戦略」である。

「大戦略」とは、「ぶれない軸」のことである。「ありたい姿」と「大戦略」が揃うことによって、会社の求心力が明確になる。

戦略には「大小」がある。

「会社の目的」を実現するための大きな方向性、道筋を示す骨太の戦略が「大戦略」である。「大戦略」に沿ってその具体的な方策にブレークダウンしたものが「小戦略」だ。

きわめて多くの会社が「大戦略」がない、もしくはあいまいなまま「小戦略」ばかりを描いている。軸が定まっていないのに、個別の戦略ばかりが独り歩きしている。「小戦略」の寄せ集めが、けっして「大戦略」にはならない。

C社の技術者たちには、この「大戦略」がまったく見えていない。最先端の技術開発をものにするには、通常以上の執念や忍耐が不可欠である。

にもかかわらず、技術者たちは「いつか撤退するのでは……」という不安感や不信感を抱きながら仕事をしている。それでは難易度の高い仕事にのめり込めるはずもない。

「大戦略」は骨太で、シンプルでなくてはならない。ちょっとやそっとのことでは揺らぐことのない確たる軸でなくてはならないのだ。

▼▼▼

社員たちは「のめり込む理由」を欲している

現場には「のめり込む理由」が必要である。心の底から「がんばろう」と思う具象的な必然性が不可欠である。

与えられた仕事をただ漫然とこなすのではなく、大きな目的を常に意識し、そこに近づき、到達するために日々努力し、研鑽を積む。その具体的な目標こそが「大戦略」であり、「ぶれない軸」である。

たとえば、第6章で紹介した中外製薬は、「革新的な医薬品とサービスの提供を通じて新しい価値を創造し、世界の医療と人々の健康に貢献します」という「存在意義」を示している。

「目指す姿」として「日本のトップ製薬企業」という言葉も掲げられているが、これだけではあまりにも一般的すぎて、社員たちの心には響かない。

そこで中外製薬はその次に、「私たちが目指す『トップ製薬企業』とは、ファーストインクラス、ベストインクラスの革新的な医薬品とサービスに拘り……」と打ち出している。

これこそが中外製薬の「大戦略」であり、「ぶれない軸」である。

ファーストインクラスとは「新規性・有用性が高く、これまでの治療体系を大幅に変えうる独創的な医薬品」、ベストインクラスとは「既存薬に対して明確な優位性を持つ医薬品」のことである。

つまり、中外製薬は「革新的創薬」にこだわっているのだ。

ジェネリック（後発医薬品）ではなく、より難易度の高い新薬開発こそが、中外製薬が存在する理由だと明確に打ち出している。革新的な創薬とロシュとの提携という2つの柱こそが、同社の「大戦略」なのである。

中外製薬は、「創造で、想像を超える。」というブランドスローガンを掲げているが、そこにはこう記されている。「できそうもない薬でなければ、私たちが生み出す意味はない」。

できそうもない薬――この言葉こそ、社員たちを鼓舞し、のめり込ませる骨太の軸なのである。

5 基本原則❹「必死のコミュニケーション」に努める

【エピソード】

大手企業D社に勤める30代社員の本音

会社の理念や中期経営計画は普段まったく意識したことがありません。仕事と直接は何の関係もないですからね。

昨年、昇格面接を受けたときに、会社のホームページで見ました。理念を読んだのは、新入社員のとき以来ですかね。

先輩が「面接で聞かれるかもしれないから見ておいたほうがいいよ」とアドバイスしてくれたんですが、結局質問はありませんでした。

上司と話していても、理念や中期経営計画の話なんて一切出ません。そんなことより目先の仕事で成果を出せといつもいわれています。

会社にとっては必要なのかもしれませんが、少なくとも私にとってはほとんど意味がないですね。

「形容詞」に大きな意味がある

会社の目的や目標を示した理念、ビジョン、中期経営計画、骨太の「大戦略」などを打ち出しても、それらが社員たちの心に届き、響かなければまったく意味がない。目的や目標はそれ自体に価値があるのではなく、共感と「熱」を生み出してこそ価値がある。

しかし、現実を見れば、冒頭のエピソードに登場するD社の社員と同じような社員が、どの会社でも大半である。理念やビジョン、中期経営計画を普段意識することもない。当然、そこに共感など存在しない。

じつは、経営において必要なのは、理念やビジョンではない。真に必要なのは、「共有された理念」(shared philosophy)、「共有されたビジョン」(shared vision) である。「共有された」という「形容詞」にこそ意味がある。

理念やビジョン、「大戦略」という目的、目標が社員たちとの間で共有され、共感が生まれていなければ、存在しないのと同じである。

同様に、計画そのものが大事なのではない。「合意された計画」(agreed plan) が必要なのである。

たんに計画があるだけでは人は動かない。計画の内容について膝詰めで議論を繰り返し、参加する人たちが理解し、納得し、合意することが重要なのだ。人についても同様である。

会社は人道主義的に人を大事にしているわけではない。会社にとって大事なのは、あくまでも「触発された人」(inspired people) である。

触発されていないモチベーションが低いままの人は、たんなるコストである。会社の理念やビジョンに共感し、触発された人こそが会社にとって宝なのだ。

「共有された」「合意された」「触発された」という「形容詞」にこそ大きな意味がある。しかし、その「形容詞」を生み出すのは、容易なことではない。

いつの間にかズレていってしまう

医薬系キュレーション(まとめ)サイトにおける不正確かつ杜撰な内容が指摘され、大きな問題へと発展したＤｅＮＡの南場智子会長は、次のような反省の弁を述べている。(4)

> ビジョン、ミッションは言わずもがな、日々の運営でサイト訪問者数の話はしても、重要で当たり前なことは言葉にしなくなり、ずれていってしまいました。

経営陣が重要だと思っていることは、現場の社員たちにも伝わり、同じように思っているだろうという安直な「思い込み」が、この問題の根底に潜んでいる。

DeNAの場合は、コンプライアンス、リスク管理の問題であったが、これは会社が掲げる理念、ビジョンについても同様である。

経営者からすれば「こんなに大事なことなのだから、当然みんなと共有しているだろう」と思い込んでいるが、現実にはまったく共有されておらず、浸透もしていない。

いつの間にかできてしまう階層間の認識のズレと深い溝。

これこそが経営における最大のリスクのひとつなのである。

「伝える」ではなく「伝わる」コミュニケーションを心がける

それでは、「共有された」「合意された」「触発された」という状況をつくるためにはどうすればいいのか。

そこにマジックはない。唯一の方法は、「これでもか」というほど密なコミュニケーションに努めることしかない。

コミュニケーションの大前提は、「簡単には伝わらない」ということである。

たんに「伝える」だけではまったく十分とはいえない。相手に「伝わる」ような「必死のコミュニケーション」を心がけなければならない。

送り手は伝えたつもりでも、受け手にはまったく伝わっていない。「伝える」と「伝わる」

の絶対的な違いを常に認識しなければ、「共有」「合意」「触発」は生み出せない。だから、あらゆる媒体、手段、場を使い、しつこく、繰り返し何度も伝える。それでも、受け手に伝わるのはほんのわずかである。

経営とはコミュニケーションそのものである。

人の意志を伝え、人の声に耳を傾け、議論を進めながら、物事を進めていく。その根底にあるのは、コミュニケーションである。

にもかかわらず、コミュニケーションが崩壊している会社がじつに多い。ＩＴの進化もあって、安易な手抜きの情報伝達ばかりが横行し、情報の裏側にある思いや気持ちが伝わっていない。

それが会社の一体感の欠如や温度差を生み出し、生産性や効率性を著しく劣化させ、社員の士気にも大きな影響を与えている。コミュニケーションの劣化は、経営にとって命取りになりかねない。

「生きている会社」になろうと思えば、経営トップ自らが「必死のコミュニケーション」を率先垂範して見せなければならない。

伝えるのは情報ではない。伝えるのは「熱」である。

6 基本原則5 オルガナイズ・スモール

【エピソード】

組織のフラット化を勘違いしているE社の部長

うちの部長は何にでも首を突っ込まないと気が済まない性格なんです。

「組織はフラットじゃなくちゃいけない」ともっともらしいことを言ってはいますが、要は、人にまかせることができない。

会議だ、出張だと忙しく飛び回っているくせに、部下に仕事をまかせていないから、部の至るところで仕事が滞っています。

3人の課長には裁量権はなく、部長のご機嫌ばかり気にして、当事者意識なんてありません。部長は私のような平担当者の仕事にまで口出ししてきます。部長が言うことと直属の上司である課長が言うことが違うこともたびたびで、困り果てます。

部の会議も、まるで部長のための御前会議。

ひとりの部長の下に、20の「駒」があるようなものです。

小さなチームをたくさんつくる

人は組織論が大好きである。

「ヒエラルキー型組織はもう機能しない。これからは文鎮型のフラット型組織でなくてはいけない」「いや、みんながみんなとつながるネットワーク型組織が理想だ」……。

組織論の大家、アルフレッド・チャンドラーが指摘した「組織は戦略に従う」は、現代の経営にもそのまま当てはまる。

戦略を遂行し、結果を出すために組織は存在する。組織論が独り歩きするのではなく、目的達成のために組織はどうあるべきかが議論されなければならない。

組織論に正解はない。その時々で、最適な組織を選択し、柔軟に変えていくのが基本である。

しかし、「生きている会社」であろうとするならば、忘れてはいけない組織の要諦がある。それは、「小さなチームをたくさんつくる」ことだ。

「生きている会社」は、チーム単位で仕事をする。

どんなに有能な人間であっても、ひとりでできることには限りがある。個々の力を足し合わせ、補完し合えば、よりよい仕事、より大きな仕事ができる。そして、そのプロセスを通じて、人も成長する。

それぞれのチームには、「会社の目的」と紐付けされたミッションが与えられなければならない。「会社の目的」を実現するために、チームは存在するのだ。

「チームは何人ぐらいが適当か」という問いにも明確な答えはない。チームの最適なサイズは、あくまでもチームの目的によって異なる。

目的遂行にある程度の人数が必要であれば、それなりの規模のチームになるかもしれない。2人で目的が遂行できるのであれば、2人が妥当ということになる。

アマゾン創業者のジェフ・ベゾスは「ピザ2枚のルール」を提唱する。

「ひとつのチームは、ピザ2枚で足りるぐらいの規模にとどめなければならない」と指摘する。

ある日本人経営者は「神輿を担ぐ」と表現する。

小さな神輿なら、4人で担ぐのが基本だ。誰かひとりが手を抜けば、誰が手を抜いているかはすぐわかる。4人で力を合わせなければ、神輿は担げない。

大きな神輿を何十人かで担ぐとなれば、ただぶら下がっているだけの人間が必ず出てくる。会社には「大きな神輿」は必要ない。「小さな神輿」をたくさんつくり、みんなが担ぐのが基本である。

「みんながリーダー」の組織をつくる

組織論とはリーダーシップ論でもある。「オルガナイズズ・スモール」とは「多数のリーダーたちが牽引する組織をつくる」ということでもある。

チームにはリーダーが必要である。それぞれのチームのミッションを遂行し、ほかのチームとの連携をはかり、「会社の目的」の実現に貢献するリーダーが不可欠である。

それぞれのチームリーダーの指揮の下、社員一人ひとりもリーダーシップを発揮する。「生きている会社」とは「みんながリーダーの会社」にほかならない。

早稲田大学ラグビー蹴球部監督として2年連続で大学日本一となり、現在は日本ラグビーフットボール協会コーチングディレクターを務める中竹竜二氏は、主将時代の経験をこう語る。(5)

リーダーの目標というのは、自分にしかできないことを増やして、ほかの人と差をつけていくことではなくて、その逆だろうと。(中略)僕にしかできないことを極力減らして、僕がいなくなっても回る組織にすることに徹した。

「リーダー」と「ポスト」を混同してはいけない。「管理者」と「リーダー」はまったく異なる概念である。

部長や課長というポストに就いたからといって、必ずしもリーダーとは限らない。逆に、ポストには就いていなくても、リーダーシップを発揮する人もいる。

真のリーダーとは、自ら率先垂範しながら、チームメンバーたちのリーダーシップを引き出し、「みんながリーダー」のチームをつくることができる人のことである。その中から、会社の未来を担う次世代リーダーが生まれてくるのだ。

7 基本原則⑥「実験カンパニー」になる

【エピソード】

「失敗できない実験」に翻弄されるF社の現場

社長が「うちの会社はこれから『実験』を重視する。新しいことに果敢に挑戦し、大きな成果を上げるためには、さまざまなことを実験することが大事だ」と打ち出しました。

もともとうちは何事にも慎重な会社で、何をするにしても手続きや手順が大事で、検討ばかりを重ねて、行動に移すのが遅いという問題を抱えています。そんな風土を変えたい、というのが社長の思いなのだと理解しています。

でも、現実はそう簡単ではありません。

「実験に失敗は付き物」と考えるのが普通だと思うのですが、完璧主義者の多いうちの会社ではそれは通用しません。だから、実験の準備に膨大な時間をかけます。

さすがに腹が立って、課長に「早くやりましょう」と進言すると、「いや、この実験は社長の肝煎りだから失敗できないんだ」と平然と言う。

「失敗できない実験」なんてありえないと思う。実験がうちの会社に根付くことはないですね。

小さく始めて、大きく学習する

実践を何よりも重視する「生きている会社」は、「実験」を上手に多用する。

未知なるものに挑戦し、目標に到達するためには、アイデアや仮説を思いついたらまず小さく始め、そこから学習しながら、実験を繰り返し、スパイラルアップさせていく。それが現実的かつ効果的なアプローチだ。

「生きている会社」は実験精神を大事にし、そのための効果的なプロセスや手法が確立された、「実験カンパニー」になっている。

実験は未知なるものに挑戦するための手法である。試してみる、やってみることによっていろいろなことが実証的にわかり、それを繰り返すことによって、未知なるものの正体が見えてくる。

トム・ピーターズとロバート・ウォータマンはこう指摘する。[6]

> 実験こそ科学の基本となるツール（道具）である。そして、実験というものは、誤りを発生させて正解に近づいていくために行なうのである。

iPS細胞の研究でノーベル生理学・医学賞を受賞した山中伸弥教授は、実験の重要性をこう語っている。[7]

> 「研究者には才能のある人、ない人っているんですか」と訊かれることがありますけど、あるとしたら、どれだけ実験するか、実験の結果をいかに謙虚に受け止められるか、っていうことじゃないですかね。

エピソードに登場するF社は、実験の本質がわかっていない。

すべてのことがあらかじめわかっていないと気が済まず、失敗や誤りを容認できない官僚的完璧主義者は、実験には不向きである。

しかし、先が読めない環境の中で未知なるものを創造するためには、実験なしでは前に進むことができない。「生きている会社」になるとは、「実験カンパニー」になることである。

偶然からイノベーションは生まれる

実験はときに思いもよらない大きなイノベーションのヒントを与えてくれる。そうしたヒントは、予想もしていないまったくの偶然から生まれることも多い。多くのイノベーションは、「セレンディピティ」（偶然の幸運）から生まれている。

ノーベル賞を受賞するような偉大な科学者たちも、異口同音に実験の重要性、偶然の恩恵を語っている。失敗にめげず、粘り強く実験を繰り返すことが、創造の扉を開けることにつながる。

私が社外取締役を務める日新製鋼は、表面処理鋼板やステンレス鋼、特殊鋼などに強みをもつ鉄鋼メーカーである。その源流は大阪の亜鉛めっき会社である。創業時から受け継ぐめっき技術を活かした表面処理鋼板に独自の強みをもっている。

なかでも、「ＺＡＭ」ブランドとして知られる高耐食性の溶融亜鉛―アルミニウム―マグネシウム合金めっき鋼板は、幅広い分野で使われ、同社の看板商品となっている。

その「ＺＡＭ」シリーズに、ユニークな新商品が加わった。それは「黒ＺＡＭ」である。

これは、その名のとおり黒色化しためっき鋼板で、鉄の重厚感と渋みを兼ね備えた美しい外観を有している。自動車部品や住宅設備、家電など幅広い用途への応用が考えられている。

「黒ZAM」が生まれたきっかけは、ある技術者がまったく別の実験を行っていたときに、偶然黒色化した試験片を見つけたことだった。まさに「セレンディピティ」である。開発に携わった同社表面処理研究所の中野忠氏はこう語っている。(8)

なぜ黒くなったのか？　研究者としての興味からのスタートだった。当初は「生産できるのか？」「売れるのか？」と周囲も半信半疑だったが、地道に実験データを積み重ねていくうち、これは面白そうだという雰囲気に変わっていった。

……………………

イノベーションのヒント、創造の芽は現場に潜んでいる。現場が粘り強く実験を繰り返し、失敗と思考を積み重ねることによって、思いもよらない創造の扉が開かれるのである。

▼▼▼

「考える現場」をつくる

実験は、技術開発や新規事業、新業態開発といった創造の現場だけに限ったことではない。むしろ、日常的なオペレーションにおいてこそ、実験精神が重要であり、実験というツールを有効活用すべきである。

オペレーションは単純なルーチン業務と思いがちだが、そこには創意工夫の可能性や改善の余地が多い。現場の気づきやちょっとしたアイデアをもとに、オペレーション効率や品質を向上させていくことが十分に可能である。

こうしたオペレーションを「クリエイティブ・ルーチン」と呼ぶ。ルーチン業務であっても、創造的な仕事に転換できるのである。

現場というところは、仕事のやり方、プロセスを変えることを躊躇する。やり慣れた仕事を変えるのは抵抗があるし、想定外のトラブルが起きたら、オペレーションに支障をきたす。だから、オペレーション部門は変化を嫌い、実験に慎重である。

しかし、それではオペレーションが進化することはありえない。

より高い生産性、効率性を追求するためには、現場の気づきや知恵を活かし、小さな実験を効果的に使いながら、その結果をもとにオペレーションを進化させていく仕組みを埋め込む必要がある。

「考える現場」をつくるためにも、実験というツールの活用が重要なのである。

8 基本原則7「言える化」を大切にする

【エピソード】

社長が「風通しがいい」と勘違いしているG社の実態

上司の課長からは、「お前たちの世代は本当におとなしいな。もっとずけずけ言えよ」と言われます。

たしかに、言いたいことがあっても遠慮して言わないことが多いとは思います。自分なりの意見やアイデアがないわけではありません。

同期の連中だけで飲み会をすると、いろいろな意見が出てきます。みんなそれなりに考えてはいるんです。

でも、会社の中では、それができない。自由に言ってはいけない空気感が漂っています。

同期のひとりが上司に意見を言ったところ、「お前は何もわかっていない。なに偉そうなこと言っているんだ」と一喝されたそうです。それ以来、彼は口をつぐんでいます。

社内報のインタビューで、社長が「うちは風通しのいい会社だ」と語っているのを読んで、何もわかっていないんだなあと虚しくなりました。

仕事の前では平等

ダイバーシティとは、女性や外国人の活躍を促すことだけではない。真のダイバーシティとは、個を尊重し、個の意見やアイデアを最大限に活かすことにほかならない。

私たちは一人ひとり異なる存在である。

ひとりとして同じ存在はない。一人ひとりが自分の意見をもち、それを仕事に活かすことこそが真のダイバーシティである。

ホンダは「技術の前で平等」という伝統を大切にしている。

技術を検討する際には、上下関係は関係がない。役職が高いからといって、上司が自分の主張を部下に押し付けることは許されないし、部下も自分なりの意見、主張を必ずもつことが求められる。本田宗一郎はこう指摘する。[9]

……………………

（引用者注＊大事なのは）担当者自身の判断が入っているかどうかである。「言われたことをそのままやる」のか「自分の判断によってやる」のか。担当者が自律しているかどうかが問われているのである。

……………………

これはけっして技術だけの話ではない。

あらゆる仕事において経験則は大事だが、逆に経験則に縛られると、新しい発想は生まれてきにくい。フレッシュな眼で見るからこそ、気づくことは多い。つまり、「仕事の前では平等」なのである。

上司の発言を命令や指示として無批判に受け止めるのではなく、一人ひとりが自分で考え、自分なりの意見をもち、自分で判断する。

日常的なこうした積み重ねこそが、自律した社員を育てるのである。

「言える化」には「聴ける化」が必須

年齢や経験、役職、身分、性別などにかかわらず、一人ひとりが自分の意見やアイデアを自由闊達に発言できることを、「言える化」という。赤城乳業の井上秀樹会長に教えていただいた言葉である。

社員たちは日々の仕事を通じて、さまざまなことに気づき、いろいろなアイデアをもっている。しかし、ほとんどの会社では、そうした現場の知恵が眠っており、埋もれたままになっている。

そうした現場の知恵を掘り起こし、経営に活かすためには、何でも自由に「言える」会社になることが大事なのだと、井上会長は指摘する。

じつに多くの会社が「言えない化」「言わない化」に陥っている。

エピソードに登場するG社はその典型例だが、これはG社に限ったことではない。会社というところは、何も策を講じなければ、「言えない化」「言わない化」がむしろ自然である。上下関係、経験値の違いなどが影響し、社員たちは口をつぐむ。

「言える化」を会社の風土にするためには、「聴ける化」が必須である。上司が聴く耳をもたなければ、「言える化」が実践されるはずもない。

役員層や管理職がフラットでオープンな気持ちをもち、部下たちの意見をこまめに吸い上げる場を設け、「これは」と思う意見やアイデアはただちに実行に移す。

「聴ける化」と「言える化」が循環して回り出したとき、「生命体」としての会社は輝きはじめるのだ。

9 基本原則8 みんなでよい「空気」をつくる

【エピソード】

無言のまま一日が終わるH社の現場

うちの職場は、どこか空気が澱んでいる気がします。

みんな真面目だし、自分の仕事はちゃんとやっている。でも、自分の殻に閉じこもっていて、そこから出てこない。

朝来ても、誰もあいさつはしません。すぐにパソコンを立ち上げ、自分だけの世界に入り込む。

そして、時間が来ると、黙って帰る。誰とも一言も話さず、一日が終わる人も結構います。職場内での会話はほとんどありません。人と話すのは面倒だし、無駄話をしていると思われたくないんでしょうね。

私は転職組です。以前の職場はもう少し活気があったので、最初は違和感がありましたが、自分だけ浮いちゃうのは嫌なので、ここのしきたりに合わせています。

「これじゃあ、まずいよな」とは思うんですが、慣れてきている自分が少し怖いです。

▼▼▼

会社の「空気」が生産性や創造性を決める

それぞれの会社には、それぞれの「空気」がある。

「生きている会社」は、空気がフレッシュで、活気に充ちている。一方、「死んでいる会社」は、H社のように空気が澱んでいて、重く垂れこめている。

空気とは環境である。人は環境に大きく影響を受ける。

「生きている空気」の中で仕事をすれば、生産性や創造性は高まる。逆に、「死んでいる空気」の中に身を置けば、人は鬱屈し、力を発揮することはできない。

この得体の知れない空気は、誰がつくり出すのか。

それは社長でもなければ、管理職でもない。それは社員全員が日常の中で意識的につくり出すものである。

たとえば、良品計画では「風土改革」と称し、基本の徹底に本気で取り組んでいる。

毎朝、本社1階のエレベーターホールにボランティアで手をあげた社員3人が交代で立ち、出勤してくる社員たちに「おはようございます」と元気に声をかける。時には、役員が立つこともある。

そして、職場に出社すると、毎朝全員で5分間、掃除にいそしむ。

毎朝のことなので、目に見えるところはきれいになっている。だから、普段目が行き届かないようなところまで気にするようになる。

ほかにも、「さん付け」運動の徹底、定時退社・休暇取得の推進など、「いい仕事をするための基本的な環境は、みんなでつくるものだ」という意識が浸透している。良品計画では「反復連打」という言葉で、基本の徹底をはかっている。

あいさつ、掃除、さん付けなど、すべて当たり前で常識的なことばかりである。

「空気と生産性・創造性の関係を科学的に立証せよ」と言われても難しいが、「生きている会社」はその重要性を感覚として知っているのだ。

▼▼▼

何気ない一言の積み重ねがとても大事

「行動展示」と呼ばれるユニークな動物の展示方法で、いまや全国区の人気を誇る北海道・旭川市の旭山動物園を以前取材したことがある。

女性飼育係員への取材で、「旭山動物園ってどんな職場ですか」という私の問いかけに、彼女はこう答えた。[10]

すごく働きやすい職場ですよ。いい職場環境って、早く帰れたり、オフィスがきれいとか、そういうことではないと思う。私にとって良い職場環境とは、人間関係が良いこと。ここはみんな「和気あいあい」としているから、気持ち良く働けます。

そして、彼女はこう付け加えた。

職場の「環境」って、与えられるものじゃなくて、みんなで努力して創るものだという気がしています。手伝ってもらったら照れずに「ありがとう」を伝えたり、狭い職場だけど、「おはよう」、「また明日ね」という挨拶をきちんと交わしたり。こういう何気ない一言の積み重ねが大事だと思います。

……………………………

旭山動物園のたぐい稀な創造性は、良質な職場環境から生まれている。

「生きている会社」の現場には次の3つの共通点がある。それは「活気がある」「会話がある」そして「笑顔がある」の3つである。

「生命体」として輝くためには、みんなで良質な職場環境をつくることが必須なのである。

10 基本原則❾ 管理を最小化する

【エピソード】

「1：n」の関係で疲弊するI社の現場

うちの営業所には本社、本部からさまざまな依頼、要請が連日降ってきます。

営業の仕事に直接関係することであれば、もちろん対応しますが、「これ本当にいるの？」「これ、前にもやったよね」と思わざるをえないものも数多くあります。

コンプライアンス、内部統制、リスク管理、従業員サーベイ、顧客アンケート……。いろいろな部門、部署から降ってきますが、受け手であるこちらはひとつです。

まさに、「1：n」の関係。これ出せ、あれ出せ、これやったか、あれやったかと迫られ、現場、とくに管理職は疲弊するばかり。

まさに「OKY」（お前、来てやってみろ）の状態に陥っています。

以前のうちの営業所は、もっとのびのびしていたんですけどね……。

管理の基本はあくまで「自主管理」

経営に管理は必要である。管理という仕事を誰かがやらなければ、会社はうまく回らず、機能不全に陥る。

しかし、管理は放っておけば間違いなく肥大化する。そして、やがて現場を圧迫しはじめ、管理コストは膨れ上がる。

管理の基本はあくまでも「自主管理」である。実行当事者が自ら仕事を管理する。自分の仕事に責任をもち、仕事の品質を自ら管理する。

働く一人ひとりが自分で管理することができれば、「誰かが誰かを管理する」という重複的な管理機能は最小化できるはずである。

管理は一銭の利益も生み出さない。管理コストに莫大なお金を投じるくらいなら、社員一人ひとりへの教育や士気の向上に投資すべきである。

自主性、自発性、自律性の高い社員を育てることこそが、管理最小化につながるのだ。

管理から支援へ

ビッグデータ、ＡＩ（人工知能）など新たなテクノロジーは、経営における管理業務にとてつもなく大きなインパクトをもたらしうる。

そのひとつは、管理という業務そのものがなくなることである。

すべての設備や機械、プロセスがＩｏＴ（モノのインターネット）でつながり、その遂行状況がリアルタイムで把握でき、蓄積されたデータにもとづいてＡＩが最適な判断を下すことができるようになれば、管理者は不要になる。

人間の経験と勘に頼るよりも、蓄積されたデータに裏付けされたＡＩの判断のほうがスピーディかつ的確という時代が目の前まで来ている。

生産管理、営業管理、物流管理など、管理という言葉がついている仕事の大半は人の手から離れ、ＡＩが自動的に行うような時代がやがてやって来る。

こうした可能性に積極的に挑戦する会社は、管理コストの最小化という大きなメリットを手に入れる。逆に、こうした変革を拒む会社は、肥大化した管理コストが経営の大きな重荷になっていく。

管理という仕事が縮小することは、本社・本部の役割が大きく変わることを意味している。管理業務に従事してきた社員の多くは、価値創造の現場に移るべきである。

そして、本社・本部は「センター」から「ハブ」へとその役割を変える必要がある。「いかに価値創造の担い手である現場を支援できるか」という新たなミッションを担い、それぞれの事業、現場をつなげ、価値創造を加速するためのサポートに専念する。

それこそが「生きている会社」の本社・本部が担うべき最も重要な役割である。

11

基本原則⑩リスペクトを忘れない

【エピソード】

「雇い止めに怒りを抑えられないJ社の班長の声

景気が悪くなると、非正規社員の雇い止めをたびたび繰り返してきました。非正規社員はそういうときのためのバッファーだという経営の理屈はわかりますが、現場の図式はそんな単純ではありません。

正規だろうが、非正規だろうが、協力会社だろうが、身分や立場を超えて、現場をひとつにまとめ上げないといい仕事なんてできませんよ。現場はまさに「ひとつの船」なんです。

数年前、業績悪化のために年度末ですべての非正規社員の雇い止めが本社から指示されました。非正規社員の中には、正規社員よりはるかに価値ある仕事をしているかけがえのない人も数多くいるんです。

そんな現場の事情を無視して、一律に雇い止めを命令してくる。たんなる員数合わせとしか思えません。

ささやかな慰労会ではみんな泣きましたよ。こんなことで、本当にいい会社になれるんですかね……。

人は「コスト」ではなく「バリュー」である

クレジットカード大手のクレディセゾンは、嘱託など4つの社員区分を撤廃し、アルバイトを除く全従業員を正社員に一本化した。それまでは、嘱託、専門職、パートなどに雇用形態が分かれ、総合職の社員とは給与制度などに差があった。この区分を撤廃し、無期契約の正社員とし、賞与を含む給与体系や福利厚生を統一した。(11)

クレディセゾンだけでなく、多くの会社が全社員共通の人事制度を取り入れようと動いている。その背景として、「同一労働同一処遇」を求める世の中の流れや人手不足などの理由をあげている。

しかし、こうした動きをたんなる制度変更と捉えてはならない。その根底にあるのは、人に対する考え方の変化である。「お金」ではなく「人」を会社の中心に据え直そうとする根源的な回帰である。

日本企業はいつの間にか人を「コスト」として見るようになってしまった。たんなる労働力と考えるようになってしまった。

コストと割り切るのであれば、安ければ安いほうがいい。ならば、人の身分や区分を多様化させ、会社の都合のいいように使い分ければいい。

こうした安易な発想が、「死んでいる会社」が増えてしまった理由のひとつであるのは間違いない。

人は「コスト」ではなく、価値を生み出す「バリュー」である。現場は「コストセンター」ではなく「バリューセンター」である。

「コスト」として捉えるのであれば、下げるしか方策はない。どうしたらコストをミニマイズ（最小化）できるかばかりを考えるようになる。

しかし、「バリュー」として捉えるのであれば、その潜在力を引き出し、最大限に活かすことが重要となる。生み出される価値をマキシマイズ（最大化）することができれば、多少コストが増えても十分に吸収することができる。

「生きている会社」へと戻ろうとするならば、人を「バリュー」として捉え、現場を「バリューセンター」と位置付けることが不可欠である。

▼▼▼ イキイキの源泉は、プライドである

「生きている会社」とは「生命体」として輝いている会社である。「生命体」として輝く

ためには、そこで働くすべての人がイキイキしていなければならない。

そんなことは理想論で、不可能だと思う人も多いだろう。しかし、その理想を私たちはもう一度高く掲げ、その実現をめざさなければならない。

人間が幸せになるために、会社は存在する。

それを実現するためには、まずはそこで働くすべての人たちが幸せになる必要がある。それさえできないのに、人のためになるとか、社会に貢献するなどできるはずもない。

「生きている会社」はそこで働くすべての人たちがプライドを胸に仕事をしている。自分の役割、自分の貢献、仕事の意義を認識し、目の前の仕事にのめり込んでいる。イキイキの源泉は、プライドである。

第7章で紹介した清掃会社のTESSEIで働く「おばちゃん」のひとりは、満面の笑顔で私にこう話してくれた。(12)


私はこの会社に入るとき、プライドを捨てました。でも、この会社に入って、新しいプライドを得たんです。

……………


TESSEIは現場を大事にする会社である。現場を主役に据え、現場が元気になるようなさまざまな取り組みを行っている。

その根底にあるのは、現場に対するリスペクトである。

価値を生み出し、常に挑戦し、進化しつづけようとする人たちに対するリスペクトこそが、プライドをもたらす。

黒人としてはじめて、米国陸軍で四つ星の大将にまで上りつめ、国務長官を務めたコリン・パウエルは、その著書の中でこう語っている。(13)

……………

部下に尊敬されようとするな、まず部下を尊敬せよ。

「生きている会社」になろうと心の底から欲するのであれば、常にリスペクトを忘れてはならない。

第9章

「突破するミドル」をつくる

1 会社が「生きている」かどうかは、ミドルを見ればわかる

ミドルアップ・ミドルダウン

「生きている会社」では、部長、課長、係長といったミドル層が中核的な役割を果たしている。

ミドルが会社の本分である価値創造や変革を担い、会社のメイン・エンジンとして機能している。経営トップと現場をつなぐ「ミドルアップ・ミドルダウン」の動きがきわめて活発である［図表9◆1］。

そして、ミドルとして創造、変革を実体験した人が、若くして経営層に参画し、挑戦することの意義、創造するスピリットが継承されていく。

勇気を奮い挑戦するミドルがどれほどいるかで、会社の「生命体」としての輝きが決まる。

エネルギーに充ち溢れ、破天荒で型破りなミドルこそが、「生きている会社」の象徴である。野中郁次郎名誉教授はこう指摘する。(1)

図表9◆1　ミドルアップ・ミドルダウン

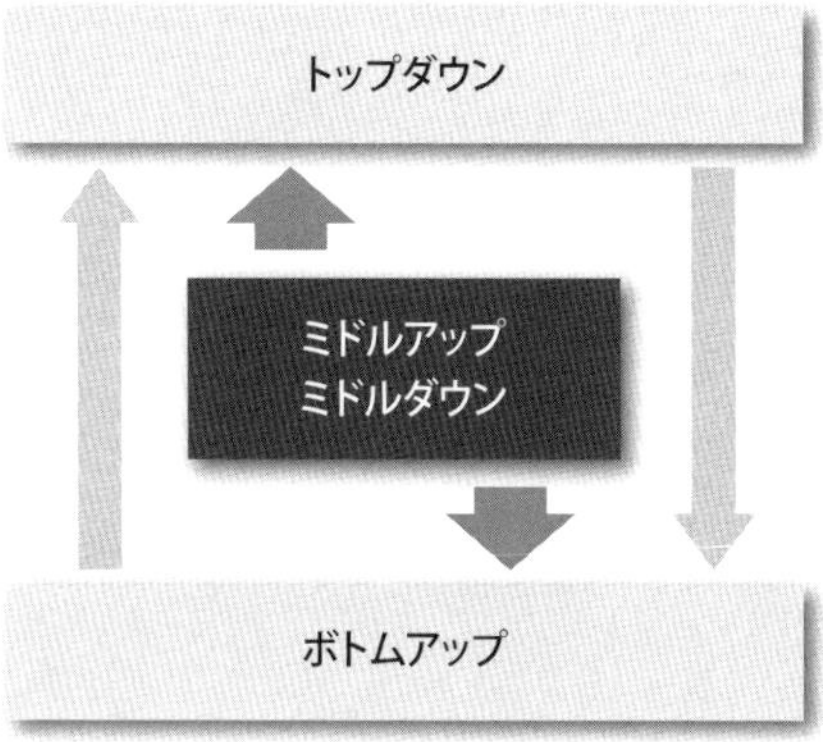

かつては、ミドルマネジメントが非常に戦略的なポジションをとっていたのが日本経営の特質でした。それによって、トップのビジョンとフロントの実践力をスパイラルアップする「ミドルアップダウン」が成立した。

「かつては」というところがポイントである。いま多くの日本企業でミドルの存在感が希薄である。組織の中に埋没してしまい、ギラギラしたミドルが少ない。

スマートで、洗練されたミドルは増えたかもしれないが、それはこぢんまりとした小利口なミドルが増えたと言い換えることもできる。現状を否定し、常識を打ち破るミドルが存在しなければ、会社は未来を創造することはできない。

創造や変革という「大仕事」において、ミドルがどこまで主導的な役割を果たしているか。

会社が「生きている」かどうかは、ミドルの役割、動きを見ればわかる。

「課長」が生きていなければならない

ミドルの代表格が、「課長」と呼ばれる集団である。

課長が創造者、変革者としての役割を果たしている会社は、間違いなく生きている。逆に、課長が現状に満足していたり、挑戦に及び腰であれば、新たな創造をすることはできない。

会社という「生き物」を構成する基本組織単位が「課」である。

「生きている会社」になろうと思うのであれば、ひとつずつの課を活性化させ、「生きている」状態にしなくてはならない。そして、課のリーダーである課長がイキイキしていなくてはならない。

「生きている会社」になるために、なぜ課長と呼ばれる人たちが重要なのか。その理由として3点あげることができる。

❶ 時間軸の長さ

まずひとつめは、課長がもつ「時間軸の長さ」である。

課長の年齢層は幅広いが、その多くは40歳前後だろう。彼ら彼女らが定年まで勤め上げることを想定すれば、彼らにはまだ20年近い時間が残されている。彼ら彼女らには未来がある。自分たちの手で未来を切り拓いていかなくてはならない。もし課長が過去にしがみついているならば、その会社に未来はない。

❷集団としての大きさ

2つめは、課長の「集団としての大きさ」である。課長はミドルの管理職として会社を変えるだけのインパクトをもちうる大きな集団である。彼ら彼女らの思考と行動が挑戦的になり、ひとつにまとまれば、大きなうねりとなり、会社全体に与えるインパクトはとてつもなく大きい。

❸リスクをとれるポジション

そして、3つめは、課長が「リスクをとれるポジション」だということである。同じミドルといっても、係長ではまだ組織を動かし切れない。部長になると、それぞれの会社の「色」にどっぷり染まってしまい、現状否定が難しくなる。また、役員への昇進がチラつくので、リスクもとりにくくなる。

課長だからこそまだ失敗も許されるし、一見無謀な挑戦もできる。会社のいいところも悪いところもわかったうえで、「青臭い」ことを仕掛けることも可能だ。

「生きている会社」になろうとするのであれば、会社の基本組織単位である課を活性化させ、「生きている」状態にしなければならない。
そして、課のリーダーである課長たちの意識と行動こそが「生きている会社」になるための大きな起爆剤となるのだ。

▼▼▼

経営トップを突き上げ、部下たちを動かす

とはいえ、課長は中途半端で厄介なポジションであるのもまた事実である。ある大企業の課長は、私にこう吐露した。

遠藤さんは課長が大事だと言うけど、要求の多い役員や部長、そして動きは鈍いくせに自己主張の多い部下たちに挟まれ、正直、身動きがとれません。まるで「押しつぶされたサンドイッチ」のようです。

………………………

上からは次から次に指示が出され、下からは突き上げをくらう。
その狭間で押しつぶされそうになりながら耐える中間管理職の悲哀。「課長はつらいよ……」という嘆き節もよく聞く。
しかし、創造者、変革者として機能している課長たちは、この「狭間」という自らのポジションを最大限に活かして、大きな仕事をしている。

狭間にいるからこそ、全体を見渡すことができ、影響を行使することができる。課長はまさに「組織のへそ」なのである。

赤字に転落したコマツを再生に導いた坂根正弘元社長は、経営構造改革のための「4つのテーマ」の2番めの柱として「ミドルアップ・ミドルダウン」を掲げた。

経営トップと現場の間に立ち、時に経営トップを突き上げ、一方で現場を巻き込み、動かす。縦横無尽に組織内を駆け巡るミドルの動きがなければ、会社の再生はないと課長たちを叱咤激励し、鼓舞しつづけた。

創造者、変革者としての課長の役割を再認識させ、「火の玉」に変身させたことがコマツ復活の大きな鍵だったのである。

課長が会社を動かしている

戦後復興の中で、日本企業が躍進、成長する原動力は、課長を中心とするミドルの活躍がきわめて大きかった。

情熱に溢れ、複眼的かつ多面的な行動ができるきわめて質の高い課長がいたことが、日本企業躍進の大きな要因であったことは間違いない。

これは、サラリーマン時代の私が実際に体験したことでもある。

大学を卒業後、私は大手電機メーカーに就職した。

配属された工場は大きな転換期にあった。それまで産業用モーターや電力用変圧器といった旧来型の産業用機器を手掛けていたが、需要は低迷し、収益も悪化していた。工場は新たな成長を求め、工場の自動化を支えるシーケンサーやインバーターといったFA（ファクトリー・オートメーション）機器への構造転換を模索していた。この転換は後に大成功を収め、同社の収益を支える屋台骨へと成長、発展した。

その推進力となったのが、「三本の矢」と呼ばれる3人の課長たちだった。

設計課長、営業課長、原価課長という3人が侃々諤々《かんかんがくがく》の議論を繰り返し、大きな戦略や方針を決め、上を説得し、現場をリードした。

課長の上には、次長、部長、工場長がいたが、工場再生のシナリオを描き、その実現に向けて奔走したのは、この3人の課長たちだった。

本気で怒鳴り合うような場面もたびたびであったが、3人は「工場再生」という共通の目的と絆で結ばれていた。

駆け出し社員だった私は会議の末席にいたが、熱気のこもった議論に接するたびに、「この会社は課長が動かしている！」と思ったものである。業績は低迷していたが、このときの工場はまさに生きていた。

2 課長たちの「突破力」を磨く

「こなす」「さばく」ことに終始してはいけない

「生きている会社」になるためには、課長を中心とするミドルの活躍が必須だが、にもかかわらず現実にはミドルが埋没してしまっている会社が増えている。

経営者からも「最近の課長はふがいない」「線が細い」「組織からはみ出さない」などの声をよく聞く。

会社の本分は創造である。

しかし、現実を見れば、課長たちの多くは「つくる」ことよりも「こなす」「さばく」ことに終始してしまっている。与えられた職務をこなし、目の前の仕事を無難にさばくことが自分の役割だと思い込んでいる。

そこには、会社を取り巻く時代環境の大きな違いがある。

戦後の高度成長時代と異なり、いまの課長クラスは入社後すぐに「失われた20年」と呼ばれる低迷期に突入した。多くの日本企業は「攻め」より「守り」に終始し、それが課長たちの意識と行動に大きな影響を与えている。

彼ら彼女らは実体験に乏しい。成功体験もなければ、失敗体験もない。会社全体が「守り」の姿勢にあったため、何かにチャレンジするという体験に恵まれなかった。何かを仕掛けたくても、そのチャンス自体が乏しかった。

私はけっしてミドルの質が落ちたとは思わない。ビジネスリテラシー、ITリテラシー、国際感覚など、潜在能力でいえば現在のミドルのほうが高いともいえる。

可能性を秘めている課長たちに火をつけ、覚醒させることができるかどうか。「生きている会社」へと再生するための鍵は、課長の活性化にある。

「突破する」ために必要な6つの力

課長こそが、創造と変革の推進エンジンでなくてはならない。

しかし、創造や変革には壁や障害が付き物である。いくつもの壁を乗り越え、障害をくぐり抜けなければ、めざすべきゴールには辿り着けない。

会社のエンジンたるべき課長たちは、「突破する力」を身につけなければならない。創造や変革は、「突破」がなければ絶対に生まれない。

以前、課長というポジションで新たな創造や会社の変革を成し遂げた何人かの課長たちに、私が実際にインタビューを行い、事例調査を行った。何時間もの深層インタビューを通じて、共通する特性を分析した。

そして、「突破する課長」には次に述べる6つの力が備わっていることを見出した。「ミニ事例」とともに、それらのポイントを見ていきたい(2)［図表9◆2］。

▼▼▼

第1の力 観察する力

【ミニ事例❶】

「瞬足」という大ヒット商品を生んだ営業課長の気づき

アキレスの子ども用運動シューズ「瞬足」は、「100万足売れたら大ヒット」と言われるシューズ業界で、630万足（2009年度）を売り上げたメガヒット商品である。

運動会で左回りのコーナーを曲がるときに転びにくくなるように、靴底に特殊な加工が施されており、「コーナーで差をつけろ!!」という商品コンセプトが子どもたちの間でいっきに広がり、爆発的な売上げにつながった。

そのきっかけは同社の営業課長だったAさんが、娘の運動会で転倒する子どもが多いことに気づいたことだった。

Aさんは運動場が左回りであることに着目し、「左回りのコーナーでも転びにくいシューズ」という商品コンセプトを思いついた。そして、その案を社内で提案し、商品化にこぎつけた。大ヒット商品は課長の気づきから生まれた。

図表9◆2　「突破」する課長の6つの力

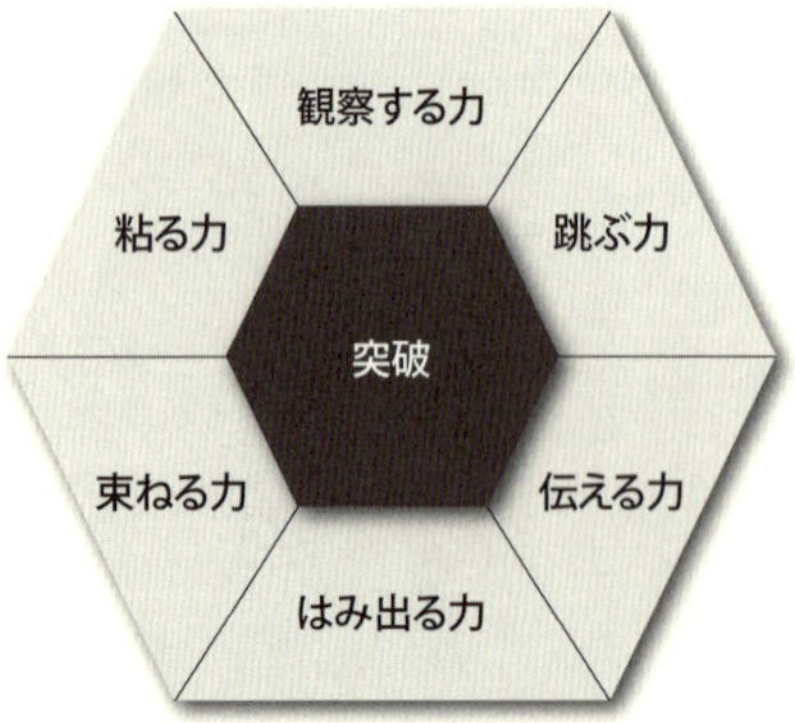

課長の多くは会社の最前線で仕事をしている。つまり、現場に近い存在、もしくは現場そのものである。

いま現場で何が起きているのか、顧客は何を望んでいるのか、競争相手は何を考えているのかなど、常にリアリズムを背負っている。

これこそが課長の「特権」であり、最大の強みである。現場にこそ創造や変革のヒントや「種」が潜んでいる。

しかし、「現場にいる」ことと「現場を観る」ことは同じではない。

現場を丹念に観察し、一次情報をもとに現実感のあるアイデアや計画を考案する。現場に埋没するのではなく、現場をつぶさに「観察する力」を身につけなければならない。

【ミニ事例❷】

「アミノコラーゲン」に結びついた課長の発想転換

明治が「飲むコラーゲン」として発売した「アミノコラーゲン」は、「定番」が生まれにくい美容関連商品分野で売上げ１００億円を突破する大型商品となった。

そのきっかけは同社のマーケティング部門で課長をしていたＢさんの発想転換からだった。それまでにも同様の商品を扱っていたが、あくまでも健康食品という位置付けだった。

このままでは新たな需要は掘り起こせないと感じたＢさんは、「アミノコラーゲン」を「美容食品」として世に送り出したいと考えた。しかも、簡単に飲用できる「飲むコラーゲン」として提案した。

その狙いは的中した。新たな顧客層を掘り起こすことに成功し、「アミノコラーゲン」は大型定番商品となった。

課長に求められるのは、会社の常識や過去の延長線上にはない不連続かつ大胆な発想である。

「箱の外に飛び出る」（out of box）ほどの「発想の跳躍」が求められる。現場で観察した事実（fact）やちょっとした気づきを活かし、「大胆な仮説」へと昇華する力が必要だ。

そうした力をつけるためには、会社に閉じこもっていてはならない。

「異なる業界」「異なる世界」との接点をつくり、常に「新たな刺激」「新たな視点」を求めなければならない。会社の常識に染まり、会社と同質化した課長は「跳ぶ力」を磨くことはできないのだ。

▼▼▼

第3の力　伝える力

【ミニ事例❸】

良品計画の大ヒット商品「アロマディフューザー」誕生秘話

良品計画の大ヒット商品「アロマディフューザー」を開発したのは、同社の商品開発担当の女性課長Cさんだった。

さまざまなエッセンシャルオイルの香りを超音波の振動で拡散させて楽しむこの商品は、2008年に売り出すや大ヒット商品となった。

Cさんはこの商品以外にも化粧品など数々のヒット商品を手掛けたが、当初は「化粧品なんて無印良品らしくない」という否定的な声も社内には多かった。

Cさんは「無印良品らしい化粧品を開発すれば、必ずニーズがあるはずだ」と強く信じていた。

そこで、お客さまの声や要望を丹念に拾い集め、上層部を説得して回った。そして、「試しにやらせてください」と決断を迫った。

同時に、Cさんは店舗スタッフたちの理解と協力を得るために、店舗に足繁く出向き、店長やスタッフたちに新商品のコンセプトを熱く語った。

そうした地道な努力が実を結び、同社のヘルス&ビューティ部門は大きく飛躍した。

課長はチームリーダーであり、チームを動かさなくてはならない。また、上司である部長や役員たちを説得し、理解と了承、支援を得なくてはならない。

どれほどユニークな発想、アイデア、コンセプトを思いついたとしても、それが相手に伝わり、理解、共感されなければ、物事を前に進めることはできない。

しかし、非連続的なアイデアであればあるほど、相手の受容性は低い。

合理的な説明だけでは相手は納得しない。大事なのは、「ストーリー」である。

淡々と自説を述べるのではなく、大きなストーリーをつくり、そこに説得力のある事実をちりばめる。未来を切り拓く課長は「伝える力」を養い、「ストーリーテラー」でなくてはならない。

▼▼▼

第4の力 はみ出る力

【ミニ事例❹】

自ら営業を担い、事業開発に成功した技術者課長

大手化学品メーカーの研究所で新技術開発に取り組んでいた課長のDさんは、画期的な新商品開発に成功した。世界初の技術を活かし、それまでの機能性を大きく超える価値を実現していた。

Dさんは開発段階で完成度の高いサンプルをつくることにこだわった。新商品の機能性の高さ、革新性を社内でアピールするためには、誰もが直感的にイメージできるサンプルをつくり上げることが大事だと考えたからだ。質の高いサンプルに経営陣は驚き、ゴーサインが出た。

Dさんの挑戦はそこで終わらなかった。Dさんは研究所を飛び出し、自ら望んで事業部へと異動した。

いくら素晴らしい技術でも、販路がなければ売れない。Dさんは自ら販路開拓、顧客開拓

の最前線に身を置き、必死に汗をかいた。

技術だ、営業だというこれまでの役割分担にこだわらず、「見えている」人間が一貫して責任をもってやるべきだと考えたのだ。

Dさんは従来の役割分担や垣根を否定し、技術者自らが営業を行うという新たな事業開発の手法を確立した。


課長は「組織のへそ」である。縦のラインだけでなく、組織の横、斜めにも「はみ出る」ことができる。

創造、変革に長けた有能な課長は、「はみ出る」ことが得意である。

直接関連する部門、部署だけでなく、将来的に関与する可能性がある部門や部署、影響力のある人たちを巻き込み、協力、支援を取り付ける能力が高い。

創造や変革には、抵抗勢力が必ずいる。ミニ事例に登場するDさんは、技術者でありながら、自ら営業を志願し、事業開発を成功させた。

推進に反対する「敵」がいれば、物事はスムーズには進まない。賛成する「味方」をつくることも大事だが、「敵」と思われる人たちを、積極的に賛成はしないが反対もしない「中立」に変えることができるかどうかが課長の腕の見せどころである。

【ミニ事例❺】

「瞬足」を大ヒット商品に育てた「ネーミング」へのこだわり

アキレスで「瞬足」を大ヒット商品に育てたAさんは、商品のネーミングにとことんこだわった。

チーム内で議論を繰り返し、さまざまな選択肢の中から「瞬足」という商品名を提案した。商品の斬新さをアピールするような象徴的な名前がどうしても欲しかった。

役員たちからは「瞬という漢字は小学生には難しいのでは」「横文字の名前のほうがインパクトがあるのでは」などの否定的な意見が出された。

しかし、Aさんは「瞬足」にこだわった。反対する役員たちをチームで回り、「譲れません」と強く主張し、押し切った。

チームで議論に議論を重ねた思い入れあるこのネーミングにこだわったからこそ、「瞬足」は大ヒットしたとAさんは信じている。

課長は、「課」というチームの力を最大限に引き出すことが求められる。部下の能力とやる気は多様である。個々人の能力、特性を見抜き、適材適所に配置し、活かさなければならない。

課はたんなる人の「寄せ集め」ではなく、ひとつのチームとして思いを共有し、機能しなければならない。

一体感を醸成し、お互いの仕事に関心をもち、協力し合う。

そのためには課長自らの「思い」を語り、「思い」にこだわることが大事だ。自分の「分身」をつくり、まかせて、育てることが課長の責務でもある。

▼▼▼

第6の力 粘る力

【ミニ事例❻】

鳴かず飛ばずだった「アミノコラーゲン」がヒットした理由

大ヒット商品となった明治の「アミノコラーゲン」は、発売当初は鳴かず飛ばずだった。初年度の売上げは数千万円で、さすがのBさんも「こりゃ、失敗したな……」と落ち込んだ。

そんなとき、担当役員に呼ばれ、「なんであんなにいい商品が売れないんだ」「いったい何をやっているんだ、お前は」「どうしても、ものにしろ」と詰問された。

Bさんは商品化できたことだけで満足してしまい、結果が出ないことから逃げている自分に腹が立った。そして、新たな販促策、商品のリニューアルなど、手段を選ばずに片っ端からやりはじめた。

地道な努力が実り、販売実績が上がりはじめたころ、テレビCMという大勝負に出た。

これによって商品の認知度はいっきに高まり、「アミノコラーゲン」は大ヒット商品になった。


創造や変革には壁や障害が付き物である。壁にぶつかるからこそ、「突破」しなければならない。

「突破」には「粘り」が不可欠である。壁にぶち当たったときこそ、勝負時である。とことんこだわる。しつこくくらいつく。あきらめずに最後の最後まで「粘る」という気風を課内に醸成することが必要である。

課長は「行動」で範を垂れなければならない。

「ブレークスルーは執着から生まれる」ことを率先垂範して見せることこそ、課長の最大の仕事である。

3 クレイジーな「0→1」課長をつくれ

「生きている会社」には「0→1」課長が必ず存在する

創造とは「0から1を生み出す」ことである。無から有を生み出すことである。

荒涼とした大地を耕し、種をまき、水をやり、雑草をとり、果実を手にするのは、とてつもない努力と忍耐、そして知恵が必要である。それができる人は稀であり、会社にとってかけがえのない人材である。

とりわけ、課長クラスのときに「0→1」を経験した人材は将来、経営人材になるポテンシャルを秘めている。

たとえ挫折、失敗に終わろうとも、創造に挑戦し、そのダイナミズムをミドルのときに体験することはかけがえのない財産となる。「生きている会社」でありつづけるためには、「0→1」課長を育てることが必要不可欠である。

もちろん、すべての課長がそうした「0→1」人材である必要はない。

1から10に育てることができる人、10を100に増やすことができる人も会社には必要だ。それぞれの持ち味、特徴を活かした人材ポートフォリオを組むことができれば、会社は持続的に発展、成長することができる。

問題は、組織は発展、成功すればするほど、「0→1」課長が生まれにくくなることである。

現在の成功にしがみつき、いつの間にか誰もリスクをとって挑戦しようとしなくなる。これこそ会社の老化現象のあらわれである。

「0→1」とは常識への挑戦である。これまでの常識を否定し、果敢に挑戦しようとする、ある意味ではとてもクレイジーな試みである。

99%の人たちが反対しようが、1%の可能性に賭けて挑戦しようとする野心的な課長を容認する会社は、まさに「生きている会社」である。

「ハングリーでクレイジーな課長」がいるかどうかが、その会社の「生命体」としての価値を決めるといっても過言ではない。

「0→1」課長を育てる3つの要諦

では、どうすれば「0→1」課長を育てることができるのか。その要諦は次の3つである。

❶見抜く

「0→1」人材は希少である。誰しもが挑戦、創造をしたいと望むが、実際にその困難なプロセスに耐えうる人材はそう多くはない。

入社して10年も経てば、その仕事ぶりで「0→1」人材かどうかを見極めることは可能だ。

どれほど勇気があるか、どれほど挑戦を楽しんでいるか、どれほどそのプロセスから学習しているか、どれほど人を巻き込むことができるか……。創造に必要な資質とマインドをしっかりと見極めなければならない。

発掘した「0→1」人材は、早期に創造の仕事に就かせるべきである。

ほかの人材とのバランスなどを配慮してはならない。たとえ20代、30代であっても、「0→1」課長へと登用し、挑戦、創造の経験を早い段階で積ませることが必要だ。

20代のときには「0→1」人材と目された人が、ほかの人たちと「公平」に扱ったがために、10年経ったら「普通の人」になっている事例を私は数多く見てきた。それでは「宝の持ち腐れ」である。

繰り返し言うが、「0→1」人材は希少である。

彼らこそが会社の未来を創造する。「0→1」人材を見抜き、登用することは経営層の責務である。

❷鍛える

登用した「0→1」人材には、連続的に「修羅場体験」を積ませることが必要だ。挑戦、創造する機会と権限を与え、実践を通じて鍛えなければならない。

「0→1」人材は修羅場をくぐって、ひと皮剥ける。

ひとつの挑戦を終えたからといって、そこに安住させてはならない。ただちに次の挑戦の場を与え、「心のタフネス」を鍛えることが肝要である。

良品計画の金井政明会長はこう語っている。(3)


若い頃から優秀で目立つ人がいても、その中には天狗になって、大事なチャンスをふいにする人もいる。なので、優秀だからといってちやほやするよりも、若いうちに厳しい環境で、たくさんの経験を積んでもらうというのは、とても大事だと思います。

(中略)

「またこんな大変な仕事を」と本人は思ってしまうかもしれないけれど、30代中頃から40代前半ぐらいで苦労することの意味は、やはり大きいですね。


経営トップが直接関与する仕事や全社的なプロジェクトをまかせることも有効である。経営者の目線、視野を体感させ、将来の経営人材として育成することを常に心がけなければならない。

❸抜擢する

経験を積み、実績を残した「0→1」課長は、年齢に関係なく部長、執行役員、取締役へと早期に抜擢、登用するべきである。

挑戦、創造の重要性、醍醐味を体感した若い力を経営に活かし、「新しい息吹」を絶えず取り入れなくてはならない。

良品計画は40代前半の「0→1」人材を3人いっきに取締役に抜擢することで、海外事業を短期間で会社の屋台骨へと育て上げた。彼らは会社の未来創造を背負い、切磋琢磨しながら、ものすごいスピード感で成長し、会社を牽引している。

「0→1」とは「デーワン」のことである。

「無」の可能性を体感した人材がリーダーでありつづけるからこそ、会社は「生きている」会社でありつづけることができるのだ。

第10章

経営者の仕事とは何か

1 「リーダーシップ」という仕事

社員全員を「主役」にする

本書の大命題は、どうすれば「生きている会社」をつくることができるのか、どうすればば「生きている会社」でありつづけられるかである。

「熱」「理」「情」という3つの条件を充たすことができれば、「生きている会社」になれる。そうすれば、会社の目的である「価値創造」を絶え間なく続けることができる。

やるべきことは明白である。しかし、その実現は容易ではない。

会社のリーダーである経営者が全身全霊を賭けて取り組まなければ、「生きている会社」にはなりえない。

ここでいう経営者とは社長、CEOなどの経営トップを意味する。経営者がイキイキしていれば、会社はイキイキする。逆に、経営者が死んでいれば、会社も死ぬ。

副社長から社長へ昇格した人と話をすると、異口同音に必ずこう言う。

社長の責任が重いことは重々承知していた。しかし、実際にその立場になってみると、何もわかっていないことに気づいた。副社長と社長は雲泥の差である。社長は絶対であり、一切逃げることはできない。

……………

「生きている会社」は経営者ひとりに依存しない。社員一人ひとりがそれぞれの持ち場でそれぞれの役割を果たし、ひとつずつの細胞が生きている。まさに、社員全員が「主役」になっている。

しかし、そうした組織をつくるためのリーダーシップは、経営者にしか果たしえない。社員全員を「主役」にするために、経営者はどのような「仕事」を為すべきか。それこそが経営者にとっての最も重要なテーマである。

▼
▼
▼

経営者は「４つの仕事」をしなくてはならない

「生きている会社」でありつづけるために、経営者が為すべき「仕事」とは何か。それは次の４つに集約される。

❶扇動者(agitator)

会社の目的、目標を高々と示し、社員たちを煽り、力強く鼓舞する。

❷羅針盤（compass）

目的達成のための具体的かつ現実的な道筋を示す。

❸指揮者（conductor）

全社員をひとつにまとめ上げ、上質なハーモニーを生み出す。

❹演出家（producer）

社員たちが自律的に行動する仕組み、仕掛けを講じ、社員全員を「主役」にする。

これら４つの仕事の濃淡は、会社の成長ステージ、規模、競争環境などによって大きく変わってくる。

会社の創生期には「扇動者」「羅針盤」の仕事がとても大事であることは言うまでもない。会社の基盤がある程度整ってくれば、「指揮者」として全体をとりまとめる仕事が重要になる。

そして、会社が安定期に入れば、「演出家」として社員たちのために「舞台装置」を整えることが求められる。同時に、次なる成長に向けて、「扇動者」「羅針盤」としての仕事も並行して進めなくてはならない。

これら４つはあくまでも「仕事」であり、リーダーシップの「スタイル」ではない。「スタイル」は個人の特徴、特性によって個性があって当然だが、リーダーとして為すべき「仕事」は同じである。

経営者は会社の置かれている状況に合わせて、いま求められている「仕事」を正しく認識し、実行しなくてはならない。経営者が適時に適切な「仕事」をしない会社が、「生きている会社」になれるはずがない。

カリスマ性はいらない

リーダーシップを語る際に、カリスマ性についての議論は必ずついて回る。

たしかに、カリスマリーダーが存在する会社は話題になりやすいし、存在感がある。

しかし、社員全員を「主役」にしようとするのであれば、カリスマ性は必ずしも必要ではない。むしろ、それが「生きている会社」になるための阻害要因になることすらある。

ドラッカーは「カリスマ性は、リーダーとして成果を上げることを保証するものではない」とし、「カリスマ性がリーダーを破滅させる」とまで指摘する。

良品計画の金井政明会長は、「リーダーがカリスマになるのではなく、思想こそがカリスマであるべきだ」と語る。

「無印良品」というゆるぎない思想こそが決定的に大事であり、「経営者が個人の『印』を見せてしまうのはよくない」とも語っている。

企業は永続しなければならない。カリスマ性で一時の栄華を誇っても、それが未来永劫続く保証はない。

しかし、思想は残すことができる。

普遍的かつ共感性の高い思想を体現し、伝承することができれば、「生きている会社」でありつづけることができる。

次節以降で、経営者が果たすべき「4つの仕事」の具体的な中身について考えてみたい。

2 経営者は「扇動者」たれ

経営者しか「旗」を立てることはできない

経営者にとってひとつめの仕事は、「扇動者」(agitator)として組織を引っ張ることである。組織の先頭に立ち、目的、目標を熱く語り、社員たちを鼓舞しなければならない。

会社には「旗」が立っていなくてはいけない。「旗」が立っていなければ、会社とは呼べない。

それでは、誰が「旗」を立てるのか。それは経営者である。

「旗」を立てるという「仕事」は、経営者にしかできない。「会社の目的」を語り、「会社の目標」を定めるのは、経営者の最も重要な「仕事」である。

「旗」を立てるとは、目的、目標を定めるだけでなく、社員たちをその気にさせ、その実現に向かわせるということである。

つまり、経営者は「扇動者」でなくてはならない。会社のリーダーとして「旗」を高々と掲げ、社員たちを力強く扇動しなくてはならない。

本田宗一郎はミカン箱の上に立ち、ＴＴレースへの出場、優勝をめざすと高らかに宣言した。

そのときの宗一郎は明らかに「扇動者」だった。赤字続きで士気が低下している現場の社員たちに、大きな目的、目標を示し、力を結集させた。

経営者は年がら年中、社員たちを扇動する必要はない。新しい何かを始めるとき、ピンチのとき、大きな改革が求められているときこそ、「扇動者」としての経営者の仕事が重要となる。

普段は穏やかで物静かな経営者が、いざというときに、自ら「旗」を立て、その「旗」を力強く振りかざす。その姿を見て、社員たちは奮い立つ。

経営者は扇動する時と機会を冷静に見定めなくてはならない。

ビジョンは独創的である必要はない

「旗を立てる」というと、独創的で野心的な「旗」でなければならないと考えがちである。もちろん、誰も思いつかないようなユニークな「旗」を立てることを否定するわけではない。

しかし、「旗」の独創性と成功確率は必ずしも相関するわけではない。ドラッカーはこう指摘する。[1]

想像力に富むビジョンのほうが、成功の確率が高いわけではない。平凡なビジョンのほうが成功することは多い。

……………

フェイスブックのザッカーバーグは「つなげる」から「絆を強める」に社是を変えた。どちらもフェイスブックらしい言葉ではあるが、似たような理念やビジョンを掲げている会社はほかにいくらでもある。

たとえ平凡で一般的に見える「旗」であっても、経営者が本気で語ることによってその「旗」は熱を帯びてくる。

経営者が本気であれば、社員はついてくる

たとえビジョンが平凡でも、経営者が本気で語れば社員たちはついてくるということを、私自身が実体験している。私自身の話で恐縮だが、少しばかりお付き合いいただきたい。

2000年にローランド・ベルガー日本法人社長に就任した私は、社員たちを鼓舞するための「旗」をどう立てるかに苦心していた。

私が入社したときの社員数は、わずか10人足らず。誰が見ても、マイナーな存在だった。私の入社前後に辞めていった人も多かった。

自信を喪失し、不安を抱え、先が見えない社員たちは、新任社長の私がどのようなビジョンを打ち出すのか注目して見ていた。「ほかのコンサルティング会社とは異なるユニークなビジョンが出てくるのでは」と期待している人もいた。

しかし、私は平凡だが、ど真ん中の直球で勝負することにした。

「日本でトップ3に入る経営コンサルティング会社になる」とぶち上げたのだ。これはいつかマッキンゼー、ボストン・コンサルティング・グループという2強と並ぶ存在になるのだという宣言だった。

当時の会社の実力でいえば、まさに「月とすっぽん」だったが、私は本気だった。いまはまだ力不足だが、みんなで知恵を絞り、努力を積み重ねれば、必ずなれると信じていた。

私が掲げた「旗」はそれなりの威力を発揮した。最初は半信半疑だった社員たちも、私の本気さを理解し、一緒に汗をかくようになった。日本を代表するような一流のクライアントから仕事の依頼が舞い込むようになり、社員たちは私が掲げた「旗」が夢物語ではないことも実感しはじめた。

この「旗」に共感し、優秀なコンサルタントたちがほかのコンサルティング会社を辞めて、参画してくれるようになった。

いまでも実力的にはまだまだ及ばないが、この「旗」を掲げることによって、私たちはチャレンジャーとして2強に立ち向かうようになっていったのだ。

3 経営者は「羅針盤」たれ

「海図」がないからこそ、「羅針盤」が不可欠

経営者の2つめの「仕事」は、経営者自らが「羅針盤」(compass)となり、進むべき進路を明確に示すことである。

トヨタ自動車の豊田章男社長は、自動車業界の現状を「海図なき戦いだ」と表現した。

これは自動車業界に限った話ではない。

「VUCA」と呼ばれる不安定で先の読めない経営環境、従来の業界の垣根を超えたメガコンペティションの到来など、「海図」がない状態の中で、会社は持続的な成長、発展を遂げなければならない。

そんなときだからこそ、経営者自らが「羅針盤」となり、進むべき進路を示さなければならない。いくら目的地を示しても、そこに至る道筋、進路が示されなければ、船は迷走するだけである。

進路の決定は、合理的かつ現実的なものでなくてはならない。

会社の強み、弱みを冷徹かつ客観的に見抜き、事実や数字に裏付けされた「理詰め」の判断、決断でなくてはならない。

進むべき進路を示し、ダントツ経営を実現したコマツ

「羅針盤」の重要性は、コマツの再生事例によくあらわれている。

2001年、米国で同時多発テロが発生した。その前年にはITバブルがはじけ、世界経済は混迷していた。

そんな環境の中、坂根正弘氏はコマツの社長に就任した。(2)

建設機械業界も世界的に冷え込んでいた。国内市場は低迷し、中国などの新興市場もまだまだ未知数だった。

コマツは2002年3月期に130億円の営業赤字、800億円の純損失に転落した。この赤字転落を機に、坂根社長は聖域なき「構造改革」を進めると宣言した。

その際、進むべき進路として示したのが、「強みを伸ばし、弱みを改革する」という考え方だった。この考え方こそが、再生を実現するための骨太の「羅針盤」となった。

まず着手したのが内なる弱みの克服だった。

坂根社長は事実を丹念に洗い出し、赤字の真因を探った。何が原因かわからなければ、構造改革の方針を打ち出すことができないからだ。

コマツの全世界の工場の実力比較を行うと、変動費に絞って見れば、日本国内の工場には十分に競争力があることがわかった。国内の生産コストが高いというのは思い込みにすぎなかった。

赤字の根本原因は固定費にあった。工場や開発部門では負けていないが、固定費の高コスト体質が重荷となって、赤字に陥っていたのだ。

そこで、坂根社長はこれまでタブー視されていた雇用に、1回限りという条件で手をつけることを決断した。

希望退職を募り、子会社への出向社員を転籍にした。これにより、2001年から1年半で約400億円の固定費を削減した。

さらには、子会社の統廃合や非戦略部門の売却などにも手をつけた。「弱みさえ克服できれば、コマツは必ず再生できる」という強い信念があった。

一方、強みを伸ばすことにも力を入れた。その代表例が「ダントツ・プロジェクト」と呼ばれる新商品開発である。

すでに触れたように、自らの得意分野を徹底的に伸ばすことで、ライバルが追いつけない「ダントツ商品」を開発することに着手した。

こうした筋の通った骨太の取り組みによって、コマツの収益性は年を追って上昇した。そして、最大のライバルであるキャタピラーと肩を並べるほどの収益性を上げるまでになった。

坂根社長が描いた骨太の「羅針盤」によって、コマツは大きく息を吹き返したのだ。

4 経営者は「指揮者」たれ

みんなを束ねて創造を実現する

経営者の3つめの「仕事」は、会社の「指揮者」(conductor)として社員たちの能力を最大限に引き出し、その力をひとつに束ねて組織の力に変えることである。

近年、米国では「オーケストラ型」マネジメントという概念が注目を浴びている。

これまでのような「トップダウン型」の強力なリーダー、カリスマ型リーダーの時代は終わり、指揮者として社員たちの個性や専門性を活かしつつ、ひとつのチームとして機能させるリーダーが世界的にも求められている。

指揮者は「オーケストラ」という「共同体」のリーダーである。高度な専門家集団であるオーケストラをひとつにまとめ上げ、音楽という感動を創造する。

ベルリン・フィルハーモニー管弦楽団など世界一流のオーケストラを指揮してきた佐渡裕氏は、こう語っている。(3)

…………

指揮者はオーケストラの中で唯一、音を鳴らさない音楽家だ。そんな指揮者の指揮に応えて、奏者が弓を動かしたり、息を送ったり、ものを叩いたり、声を出したりする。それによって空気が振動して、人の鼓膜を震わせ、人の心を揺るがせる。感動が生まれる。

つまり音楽は、言ってみれば、記号でしかない楽譜を、具体的な空気の振動に変えることで、人々に感動を与えることができる芸術である。

音楽家は感動を創造するのが仕事である。経営者は価値を創造するのが仕事である。いずれも指揮者や経営者ひとりでは創造は実現できない。創造に参画するみんなをまとめ上げる力量こそが、経営者には求められるのだ。

「全体のハーモニーをいかに生み出すか」が醍醐味

指揮者は音を鳴らさない。それでは、指揮者の「仕事」とは具体的に何か。

佐渡裕氏は、指揮者という「仕事」の本質をこう指摘する(4)。

指揮者は指揮することで、その場の〝気の塊〟を動かしている。究極の指揮法とは、気のコントロールだ。

音とは単に空気の振動だ。ただ、その音が人の思いで鳴っているとき、それは音楽になる。

....

指揮者として卓越した手腕を発揮している経営者の好例が、SOMPOホールディングスの櫻田謙悟CEOである。

SOMPOのような大組織をひとりの指揮者で束ねるのは難しい。

そこで、事業オーナー制を導入し、4つの中核事業に事業オーナーを置き、大きな権限と責任を付与した。さらには、グループ全体に横串を通す機能としてCxO制を導入し、CFO、CIOなどがグループ全体に目を配る役割を明確にした。

グループCEOは事業オーナーとCxOを指揮する。CEOと事業オーナー、CxOの思いがひとつになり、「気の塊」が生まれれば、グループ全体を正しい方向に牽引することができる。

そして、それぞれの事業オーナー、CxOは自分の持ち場で指揮者として自分のチームを束ねていく。

音を奏でるのは、あくまでもそれぞれの奏者だ。指揮者は音を奏でる必要はないし、奏でてはいけない。

良質なハーモニーをいかに生み出すか。

それこそが指揮者としての経営者の「仕事」であり、醍醐味である。

5 経営者は「演出家」たれ

現場を「主役」にし、スポットライトを当てる

経営者の4つめの「仕事」は、「演出家」（producer）という裏方の仕事である。

これまで語ってきた「扇動者」「羅針盤」「指揮者」はいずれも表舞台の仕事だ。

しかし、優れた経営者を見ると、社員たちを「舞台」の上に立たせ、社員たちに「主役」を演じさせている。自らが「主役」を演じるのではなく、裏方として舞台を演出する「仕事」に長けている。

社員たちが演じるための「舞台」を用意したり、仕組みや仕掛けといった「大道具」を準備したり、社員たちに「照明」でスポットライトを当てるなど演出家としての「仕事」をとても大事にしている。

卓越した「現場力」を誇る会社には、必ず「名演出家」が存在する。「現場力」は自然発生的に生まれる競争力ではない。

経営者が現場を「主役」にし、普通であればスポットライトが当たることのない現場を前面に押し出し、その潜在力ややる気を引き出している。

価値創造を担っているのは、現場である。現場こそが価値を生み出す当事者であり、優位性の源泉である。

しかし、その潜在力は放っておけば眠ったままである。

現場を覚醒させ、その潜在力を最大限に引き出し、競争力にまで高める。そのためには、経営者は優れた「演出家」でなくてはならない。

裏方に徹する

では、「指揮者」と「演出家」は何が異なるのか。

「指揮者」は自ら舞台の上に立つ。音を奏でることはないが、間違いなく奏でる音楽の一部である。

それに対し、「演出家」は舞台には立たない。舞台の袖や客席の後ろで舞台全体を俯瞰しながら、よい舞台をつくるための裏方の「仕事」に徹する。

「演出家」は大局的、俯瞰的でなくてはならない。常に全体を見渡し、どうすれば全体がいい方向に進むのかを考え、必要な施策を講じなければならない。

舞台を用意し、大道具を準備し、役者や監督などを選び、チケットも販売する。自ら舞台に立ったり、スポットライトが当たることはないが、舞台のすべての責任は「演出家」にある。

役者が素晴らしい演技を披露する。大道具や照明が職人芸で舞台を盛り上げる。観客が総立ちで興奮する……。

感動を創造し、ほかの人たちに感動を与え、それによって自分自身も感動する。

それこそが「演出家」の醍醐味であり、最大の喜びである。

人をその気にさせて、力を引き出すマジシャンであれ

ハーバード・ビジネス・スクールの教材として取り上げられるほど注目を集める清掃会社・JR東日本テクノハートTESSEIには、専務取締役を務めた矢部輝夫氏という非凡な「演出家」がいた。

矢部氏は親会社であるJR東日本からTESSEIにやってきた。それまで鉄道の安全を担う仕事をメインにキャリアを歩んできた矢部氏にとって、清掃会社への転出は青天の霹靂だった。

当時のTESSEIは、JR東日本グループ内でもあまり評判のいい会社ではなかった。「また苦労しなくちゃいけないのか……」と憂鬱だったと矢部氏は本音を吐露している。

しかし、現場で日々真面目に清掃業務を行っている「おばちゃん」「おじちゃん」たちの仕事ぶりを見て、矢部氏は「この人たちはもっとできるはずだ」と考えるようになった。

そして、さまざまな仕掛け、仕組みを矢継ぎ早に講じていった。

暑苦しい現場の休憩室にエアコンを設置する、制服を見直す、パート社員の時給を上げる、正社員への登用制度を見直す、現場のいい取り組みを褒める仕組みを導入する、現場からの提案を積極的に活用する……。

矢部氏は現場の潜在力を信じ、それを引き出すための仕組み、仕掛けを考え、実現させていった。矢部氏はこう語っている。[5]

人を変えるより、環境を変えるほうが早い。

………

環境を変えれば、人は変わる。そして、その環境を整えるのが、「演出家」としての経営者の「仕事」である。

「演出家」とは仕組みや仕掛けによって社員たちをその気にさせ、一人ひとりの力を引き出すマジシャンにほかならない。

6 「生きている会社」のリーダーは「不完全」である

「不完全なリーダー」は魅力的である

経営者は4つもの「仕事」をしなくてはならないのかと思うと、気が重くなる人もいるかもしれない。たしかに、会社という「共同体」のリーダーは、その時々に応じて、いろいろな役割を演じなければならない。

しかし、それは必ずしも経営者が完璧な人間でなければならないということではない。神格化された完全無欠のリーダーがいなければ「生きている会社」にはなれないというのは幻想である。

むしろ、「生きている会社」のリーダーは「不完全」であることが重要である。

不完全性こそがリーダーの大いなる魅力である。誰もが「ついていきたい」と思う魅力的なリーダーは、人間としての不完全性をさらけ出している。

圧倒的な戦略眼や決断力、統率力などで部下を魅了するが、その一方で人間臭さや己の弱さや未熟さを隠すこともなく見せている。私の周囲にいる「生きている会社」の経営者たちは、不完全性を武器にしている。

「俺は万能ではない」「みんなの助けがいるんだ」「みんなと一緒にやりたいんだ」ということを時に明示的に、時に暗黙的に示している。このつくろわない姿勢が共感を生み、みんながついていく。

「生命体」としての会社を率いているリーダーが、「生命体」としての自分をさらけ出す。

これこそが「生きている」ということを体現する真のリーダーシップである。

なぜ部下たちは山口多聞についていったのか

ビジネスリーダーではないが、不完全性の魅力を遺憾なく発揮したリーダーとして、私は山口多聞が思い浮かぶ。

山口多聞はミッドウェー海戦に第二航空戦隊司令官として参加した軍人である。山本五十六などと比べれば知名度は低いが、現場という「共同体」を率いるリーダーとして卓越したリーダーシップを発揮した。(6)

山口はエリートである。若かりしころ、米国のプリンストン大学に留学し、国際感覚を磨いた。先見性にも秀で、海軍の戦闘の主流が航空戦になることも早くから予見していた。大局的な見方でミッドウェー作戦の中止を再三にわたって上申したのも山口である。

しかし、彼の真骨頂は、徹底して現場とともにあったことである。

彼は「ひとつの船は運命共同体だ」と考えていた。全員がひとつにならなければ船は思うとおりには動かないことを彼は知っていた。

だから、彼は若い兵士に至るまですべての部下を平等に扱った。船の一番奥底にある機関室にまで頻繁に足を運び、部下たちに気さくに声をかけた。

それは船内だけのことではなかった。船を下りて家に帰るときには、お手伝いさんの分まで土産を買っていった。彼にとって人はすべて平等だった。

その一方で、彼は自分をさらけ出すことにも逡巡しなかった。

怒りっぽく、しばしば部下たちに雷を落とし、本気で怒鳴った。喧嘩っ早く、上官にも反発し、部下たちもヒヤヒヤした。

風貌もけっしてスマートとはいえない、ずんぐりむっくりの体型である。しかし、そうした欠点も、部下たちにとっては山口の魅力だった。

山口は己をよく知っていた。自分の不完全性をあえてとりつくろうことをせず、逆に部下たちに補ってもらおうと考えていた節がある。

しかし、リーダーとしては決然としていた。

ミッドウェー作戦に反対し、何度も上申したにもかかわらず、無謀な戦いに突入してからは、行動がぶれることはなかった。やると決まったからには、最善を尽くすことに全力を注いだ。

望んだ戦ではない。そして、人命は何よりも尊い。

しかし、ここで勝たなければ、長期的に見ればより多くの命が失われる。そうした、大きな物の見方ができるリーダーだった。

そして、最後には敗北の責任をとって空母「飛龍」に残り、船とともに太平洋の底に沈んだ。

リーダーに求められる5つの資質と行動様式

山口多聞はリーダーシップのひとつの事例にすぎないが、そこには「生きている会社」のリーダーに求められる資質と行動様式のヒントがちりばめられている。それは次の5つに集約できる。

❶ 時代に先んじる

世の中を常に大局的に見て、半歩先、一歩先を考えたうえで戦略を練り、行動に移す。

❷ ネアカである

どんな状況下であっても後ろ向きにならず、常にポジティブに物事を捉える。

❸ 現場に寄り添う

自ら三現主義を実践し、現場に対するリスペクトを身体で表現する。

❹ 逃げない

やると決めたからには退路を断つ。苦しいときにこそ、リーダーが逃げない姿勢を示す。

❺ 最後は責任をとる

リーダーの最大の仕事は最後の責任をとることだと知っている。リーダーが腹を括っていることが部下を発奮させる。

会社とは「共同体」である。会社とは「生命体」である。「生きている会社」を率いるリーダーに求められるのは、ひとりの裸の人間としてすべての社員たちと向き合うことである。

7 経営者の報酬はどうあるべきか

経営者の「仕事」にどう報いるのか

どうしたら「生きている会社」をつくることができるのかを長々と論じてきた。その最後に、報酬という「生臭い」話をする必要がある。

仕事にはやりがいがなくてはならないが、その一方で生活の糧を得るための手段であるのも現実である。公平感と納得感のある報酬体系を確立しなければ、「生きている会社」にはなりえない。

そうした報酬体系の大本になるのが、経営者の報酬である。

経営者の「仕事」をどのような基準で、どのような水準の報酬を与えるのか。それが会社全体の報酬体系の基本的な考え方を決めるといっても過言ではない。

近年、多くの日本企業が役員の報酬体系を見直そうと動いている。

長年、日本企業の役員報酬は、固定報酬と退職慰労金を中心に構成されてきた。しかし、海外投資家が増えるにつれ、不透明な退職慰労金に異論の声が上がった。

そこで、固定報酬と業績連動報酬の組み合わせで役員報酬を決める会社が増えている。

短期業績に応じた賞与だけでなく、中長期の企業価値に連動する報酬として、役員に自社株式を与える株式報酬も広がりつつある。

こうした流れの中で、日本企業の役員報酬は上昇傾向にある。

ウイリス・タワーズワトソンの調査によると、売上高1兆円以上の日本企業のCEOの報酬総額（2016年度）は1・4億円（中央値）。前年の1・27億円から11・6％増加している。(7)

東京商工リサーチの調査では、1億円以上の報酬を得た役員がいた企業（2017年3月期決算の2426社が対象）は221社、457人だった。2010年には300人未満だったので、1・5倍に増加している。(8)

しかし、これでもまだ日本企業の役員報酬は、世界水準と比較すれば抑制的である。ウイリス・タワーズワトソンによれば、米国企業のCEOの役員報酬総額は13・1億円、ドイツ企業は6億円と日本の水準よりはるかに高い。

役員報酬が増えることはけっして悪いことではない。業績に連動して、役員報酬が上がれば、社員たちの報酬水準も確実に上がっていく。

また、日本企業が熾烈な国際競争の中で勝ち抜いていくためにも、現状の報酬水準のままでは市場価値のある優秀な人材を獲得することはできない。

米国の水準はあまりにもかけ離れているので、日本企業の参考にはなりにくいが、世界と十分に伍していけるだけの報酬体系の整備が不可欠であることは間違いない。

経営者の報酬を決めるうえでの2つの視点

経営者や役員の報酬についての考え方や水準は、それぞれの会社によって大きく異なる。「経営者の報酬はこうあるべきだ」という画一的な議論には意味がない。

しかし、経営者の報酬を考えるうえで欠かすことができない視点は存在する。その視点は次の2つである。

❶「未来への責任に対する報酬」として適当か

ひとつめの視点は、「未来への責任に対する報酬」でなくてはならないということだ。

経営者のみならず、これからの報酬体系の基本は、業績連動である。業績に応じて報酬が変動するのは、ある意味当然のことである。とくに、企業価値を高める責任を担う役員は固定部分のウエイトを下げ、業績連動部分を増やしていく必要がある。

しかし、経営トップにはさらに重大な「仕事」がある。それは「未来への責任」だ。単年度の業績をよくすることだけでなく、10年後、20年後を見据えた長期的かつ戦略的な布石をどこまで講じているか。それこそが、経営トップにしかできない最大の「仕事」である。

経営者の報酬はその「仕事」の価値に見合ったものである必要がある。

❷「共同体の長としての報酬」として適当か

2つめの視点は、「共同体の長としての報酬」としてどうあるべきかということである。「生きている会社」とは「共同体」である。たんなる「仲良しクラブ」ではなく、連帯感、一体感を最大限に活かし、価値創造を加速する「共同体」でなくてはならない。

経営者はその「共同体」の長であり、その「仕事」にふさわしい報酬水準というものを考慮せざるをえない。

個人主義が徹底している米国では、CEOの報酬が10億円を超えるということがありえても、日本では納得感に乏しい。社員たちとあまりにもかけ離れた報酬水準では、「共同体」の質そのものを毀損してしまう可能性もある。

日本同様、共同体意識の強い欧州企業の多くが、米国企業と比べて経営者や役員の報酬が相対的に低いのは、そこに理由がある。その意味では、欧州企業の報酬水準が、日本企業にとってのひとつのベンチマークとなる。

大事なことは、経営者に限らず、「仕事」の質、価値をフェアに適切に評価することである。

「いい仕事」をきちんと評価すること。それは「生きている会社」でありつづけるための必須条件なのである。

❖実践すべき「10の基本原則」

❶代謝のメカニズムを埋め込む――「基準」をもとに代謝を日常化する。

❷「ありたい姿」をぶち上げる――会社の「旗」を高々と掲げる。

❸骨太かつシンプルな「大戦略」を定める――「ぶれない軸」を示す。

❹「必死のコミュニケーション」に努める――「伝える」ではなく、「伝わる」を心がける。

❺オルガナイズ・スモール――小さなチームをたくさんつくる。

❻「実験カンパニー」になる――小さく始めて、大きく学習する。

❼「言える化」を大切にする――自由に何でも「言える」会社になる。

❽みんなでよい「空気」をつくる――良質な職場環境を整える。

❾管理を最小化する――「自主管理」を基本とし、支援を強化する。

❿リスペクトを忘れない――人を「コスト」ではなく「バリュー」と捉える。

❖「突破するミドル」をつくる

▼「生きている会社」はミドルが創造・変革のエンジンとなり、「ミドルアップ・ミドルダウン」が機能している。

▼会社の基本組織単位である「課」を活性化させ、「生きている課長」を育てなければならない。

▼創造・変革主体である課長には「突破力」が求められる。それは「①観察する力」「②跳ぶ力」「③伝える力」「④はみ出る力」「⑤束ねる力」「⑥粘る力」で形成されている。

▼「生きている会社」には0から1を生み出す「0→1」課長が存在する。そうした人材を育てるためには「①見抜く」「②鍛える」「③抜擢する」を実践しなければならない。

❖経営者の仕事とは何か

▼「生きている会社」でありつづけるためには、経営者は「①扇動者」「②羅針盤」「③指揮者」「④演出家」という4つの「仕事」を行わなくてはならない。

▼「生きている会社」のリーダーは不完全性こそが魅力である。己をさらけ出し、つくろわない姿勢が共感を生み、社員たちがついていく。

▼「生きている会社」は公平感と納得感のある報酬体系を確立しなければならない。そのためには「①未来への責任」「②共同体の長としてふさわしい」という2つの原則をもとに、経営者の報酬を決定する必要がある。

おわりに——年老いた「生気のない会社」はもういらない

この本を書くために、名著、古典といわれる経営書、ビジネス書を何十冊もじっくり読み返した。

すると、当たり前のことだが、私が思っていること、感じていること、信じていることのほとんどすべてはすでに古くから語り尽くされていることばかりであることに改めて気がついた。

私がこの本で伝えたいことは、いわば当たり前の普遍的、常識的なことばかりで、そこに新奇性や独自性などない。これまでさんざん語り尽くされた知見を、自分の体験事例を踏まえて「再編集」したものにすぎない。

もしこの本にユニークさがあるとするなら、それは会社を「生命体」として捉えようとしたことかもしれない。

会社は「生き物」であるとは昔から指摘されていることではあるが、「それでは、それはいったいどんな生き物なのか?」を探り当てたいというのが私の問題意識だった。

幸いにも、私のまわりには会社の規模や歴史こそ異なるが、「生命体」としてキラキラ輝いている「生きている会社」がいくつもあった。

マザーハウス、良品計画、SOMPOなど、米国西海岸の会社に負けないほどの情熱に溢れ、戦略性が高く、社員たちの心を大事にする会社を間近で見てきた。そうした「生命体」の魅力や本質、共通点を解き明かしたいというのが、この本を書く大きな動機だった。

世の中の風潮は、会社を「いい」「悪い」で判断しようとする。「いい」というのも、「good」「great」「excellent」「admired」など、さまざまな言葉が飛び交っている。

正直、経営者にとっては、そんな言葉遊びはどうでもいいことだ。「good」だろうが「great」だろうが、それはあくまでも周囲から見た評論家的な点数付けにすぎない。

本当に大事なのは、会社の規模や歴史、収益性、名声などではなく、「生命体」としての輝き、つまり、いまこの瞬間、その会社が「生きている」か「死んでいる」かである。

残念なことではあるが、日本には「死んでいる会社」があまりにも多すぎる。赤字転落や倒産は免れていても、私の目から見れば「死んでいる会社」ばかりである。

目先の業績だけは棚ぼた的によく見えても、実体は「死んでいる会社」も数多く知っている。そんな会社は、自分の会社が「死んでいる」「死にかかっている」と自覚するところから始めなければならない。

私は日本企業の創造性が劣っているとはまったく思っていない。日本企業はこれまでにも世界がアッと驚くような数多くのイノベーションを生み出してきた。

問題の本質は、「創造」にあるのではなく、「代謝」がきわめて不十分で、老廃物や贅肉が溜まっていることである。代謝の重要性、必要性に気づかなければならない。改革、変革、再生などのありふれた言葉はどうでもいい。

いま為すべきは、思い切った代謝である。

代謝こそ「生きている会社」になるための必須条件であり、創造への道である。

いま、経営は大転換点を迎えている。

ＡＩ、ビッグデータ、ＩｏＴ、ロボティクスなど多様な先進技術が同時多発的に生まれ、これまでの企業戦略やビジネスモデルをいっきに陳腐化しようとしている。

ＡＩ活用、デジタル化の進展によって、これまでの人間の働き方、人間の役割も大きく変わろうとしている。

野村総合研究所が日本国内の６０１種類の職業について、ＡＩやロボットなどで代替される可能性がある確率を試算した。それによると、10～20年後にはじつに49％の仕事が代替される可能性があるという結果が出た(1)。

ＡＩやロボットを脅威と捉え、労働者が仕事を奪われるという不安や懸念も生まれている。

しかし、こうした流れは、じつは経営にとって「生きている会社」に生まれ変わる絶好のチャンスだと私は思っている。

テクノロジーの進展は、「人間がやるべきこととは何か」「人間にしかできないものとは何か」「人間の可能性はどこにあるのか」を改めて問い直し、人間がど真ん中にある会社へと立ち返るチャンスを与えてくれていると考えるべきである。

精神と思考と身体がひとつになり、未来に向かって突き進んでいく。人間性を取り戻すことが、「生きている会社」になるための必須条件である。

デジタル時代に勝ち残る会社は、じつはアナログな会社である。

人の「心」を大事にする心豊かな会社。人間臭くて、泥臭くて、表情豊かな会社、つまり人間丸出しの「生きている会社」こそがデジタル時代の勝者である。

年老いた生気のない会社は日本にはもう必要ない。すべての日本企業は「生きている会社」でなくてはならない。

日本の未来はそこにかかっている。

私は1988年に経営コンサルタントという仕事に就いた。今年は30周年という私にとっては節目の年である。

そして、本書は単著として30冊目の本である。

記念すべき30周年に、不完全ながらも30冊目の本を書き残すことができたことは、とても感慨深いことである。

正直、これほどの長きにわたって、この仕事を続けるとは思っていなかった。

経営コンサルタントという仕事は、「触媒」というとても地味な仕事である。会社の変革をお手伝いするという重大な仕事ではあるが、化学反応が起こり、会社が成長、再生軌道に乗れば、「触媒」はもう必要がない。

それでも「触媒にも五分の魂」という思いを抱いて、精進してきた。数え切れないほどたくさんのご縁をいただき、なんとかやってくることができた。出会ったすべての人たちに感謝を申し上げたい。

本書は東洋経済新報社から出版すると最初から決めていた。『現場力を鍛える』『見える化』『現場論』など、私の節目となる本はすべて同社から出版させてもらっている。これもひとつのご縁である。

『現場力を鍛える』『見える化』『現場論』などの編集も担当いただいた中里有吾氏にはいつも適切な助言をいただき、感謝の言葉もない。時を経ても、一緒に本づくりができることは何よりの喜びである。

そして、いつものことながら本書を執筆する環境を整えてくれ、図表やデザインにも協力してくれた秘書の山下裕子さんにもお礼を申し上げたい。

日本で「生きている会社」を増やすためにもう少しがんばりたいと思っている。

2018年1月

遠藤　功

注記

はじめに

[1] 中川一政（1987）『腹の虫』中公文庫

第1章

[1]『日本経済新聞』2017年6月18日
[2] 加護野忠男（2010）『経営の精神』生産性出版
[3] 松下幸之助（2001）『松下幸之助 夢を育てる』日経ビジネス人文庫
[4] ピーター・F・ドラッカー（2012）『経営の真髄』上巻、ダイヤモンド社
[5] 野中郁次郎（2017a）『日本の企業家7 本田宗一郎』PHP研究所
[6]『日本経済新聞』2017年8月9日
[7]『日本経済新聞』2017年6月30日
[8]『日本経済新聞』2017年7月31日
[9] エリック・シュミット／ジョナサン・ローゼンバーグ／アラン・イーグル／ラリー・ペイジ（2014）『How Google Works』日本経済新聞出版社
[10] 野中郁次郎（2017a）
[11]『MISAKI News Letter』Vol. 8、2017年5月、みさき投資株式会社
[12] 広中平祐（2006）『可変思考』光文社
[13]『DIAMOND Quarterly』2016年秋号
[14]『DIAMOND Quarterly』2017年特別編集号（第3号）

第2章

[1]ピーター・F・ドラッカー（2007）『イノベーションと企業家精神』ダイヤモンド社
[2]小倉昌男（2003）『やればわかる やればできる』講談社
[3]『日本経済新聞』2017年6月16日
[4]『日本経済新聞』2017年7月19日
[5]坂根正弘（2011）『ダントツ経営』日本経済新聞出版社
[6]小倉昌男（2003）
[7]野中郁次郎（2017b）『知的機動力の本質』中央公論新社
[8]トム・ピーターズ／ロバート・ウォータマン（2003）『エクセレント・カンパニー』英治出版
[9]小倉昌男（2003）
[10]『日本経済新聞』2017年7月21日
[11]野中郁次郎（2017a）
[12]『日経ビジネス』2017年8月28日号
[13]『日本経済新聞』2017年8月9日
[14]『日本経済新聞』2017年6月23日
[15]遠藤功／山本孝昭（2011）『「IT断食」のすすめ』日本経済新聞出版社
[16]遠藤功（2009）『競争力の原点』PHP研究所
[17]『日本経済新聞』2017年6月22日
[18]『Wedge』2017年7月号
[19]本田宗一郎（2001）『本田宗一郎 夢を力に 私の履歴書』日経ビジネス人文庫

第3章

[1]『DIAMOND Quarterly』２０１７年特別編集号（第3号）
[2]ミシェル・アルベール（２０１１）『資本主義対資本主義』竹内書店新社
[3]加護野忠男（２０１４）『経営はだれのものか』日本経済新聞出版社
[4]前川正雄（２０１３）『再起日本！』ダイヤモンド社
[5]『理念と経営』２０１７年7月号
[6]川村隆（２０１５）『ザ・ラストマン』ＫＡＤＯＫＡＷＡ
[7]『ラグビーマガジン』２０１８年2月号
[8]本田宗一郎（２００１）
[9]加護野忠男（２０１０）
[10]『DIAMOND Quarterly』２０１７年特別編集号（第3号）
[11]立川昭二（２０１０）『「気」の日本人』綜合社
[12]盛田昭夫（１９８７）『MADE IN JAPAN』朝日新聞社

第4章

[1]『Voice』２０１７年11月号
[2]加護野忠男（２０１０）

第5章

[1]岡潔（２００８）『情緒と日本人』ＰＨＰ研究所
[2]エリック・シュミット／ジョナサン・ローゼンバーグ／アラン・イーグル／ラリー・ペイジ（２０１４）
[3]『日本経済新聞』２０１７年6月19日

[4] 出町譲（2011）『清貧と復興 土光敏夫100の言葉』文藝春秋
[5]『日本経済新聞』2017年6月24日
[6] 清水勝彦（2017）『リーダーの基準』日経BP社
[7] 清水勝彦（2017）
[8]『朝日新聞』2017年6月20日
[9]『日経ビジネス』2017年5月8日号
[10] 遠藤功（2014a）『賢者のリーダーシップ』日経BP社
[11]『日経ビジネス』2017年8月21日号
[12]『DIAMOND Quarterly』2017年特別編集号（第5号）

第6章

[1] 本田宗一郎（2001）
[2]『理念と経営』2017年10月号
[3] トム・ピーターズ／ロバート・ウォータマン（2003）
[4]『DIAMOND Quarterly』2017年創刊1周年記念号
[5]『週刊ダイヤモンド』2016年11月19日号など
[6]『中外製薬株式会社 会社案内』
[7]『月刊 激流』2017年11月号など
[8] 本田宗一郎（2001）
[9] フレデリック・W・テイラー（2009）『新訳 科学的管理法』ダイヤモンド社
[10] フレデリック・W・テイラー（2009）
[11] 松井忠三（2013）『無印良品は、仕組みが9割』KADOKAWA

[12]シャレドア・ブエ／遠藤功（2015）『LFP』PHP研究所
[13]遠藤功（2016）『五能線物語』PHP研究所
[14]遠藤功（2014b）『現場論』東洋経済新報社

第7章

[1]岡潔（2008）
[2]岡潔（2008）
[3]野中郁次郎監修（2009）『組織は人なり』ナカニシヤ出版
[4]ピーター・F・ドラッカー（2001）『マネジメント』（エッセンシャル版）ダイヤモンド社
[5]トム・ピーターズ／ロバート・ウォータマン（2003）
[6]盛田昭夫（1987）
[7]加護野忠男（2010）
[8]岡潔（2008）
[9]遠藤功（2011）『伸び続ける会社の「ノリ」の法則』日本経済新聞出版社
[10]田尾雅夫（1999）『組織の心理学』有斐閣
[11]岡潔（2008）
[12]瀬戸薫（2013）『クロネコヤマト「個を生かす」仕事論』三笠書房
[13]『日本経済新聞』2017年9月26日
[14]遠藤功（2012）『新幹線お掃除の天使たち』あさ出版
[15]遠藤功（2013）『言える化』潮出版社
[16]加護野忠男（2010）

第8章

[1]『Wedge』2017年10月号（坂本幸雄との対談の中で）
[2]野中郁次郎（2017a）
[3]本田宗一郎（2001）
[4]『朝日新聞』2017年9月16日
[5]遠藤功（2014a）
[6]トム・ピーターズ／ロバート・ウォータマン（2003）
[7]山中伸弥／平尾誠二・惠子（2017）『友情』講談社
[8]『日新製鋼CSR報告書2017』
[9]野中郁次郎（2017a）
[10]遠藤功（2010）『未来のスケッチ』あさ出版
[11]『朝日新聞』2017年8月15日
[12]遠藤功（2012）
[13]コリン・パウエル／トニー・コルツ（2012）『リーダーを目指す人の心得』飛鳥新社

第9章

[1]野中郁次郎／遠藤功（2011）『日本企業にいま大切なこと』PHP研究所
[2]遠藤功（2010）『課長力』朝日新聞出版
[3]遠藤功（2014a）

第10章

[1]ピーター・F・ドラッカー（2012）

［2］坂根正弘（2011）
［3］佐渡裕（2017）『棒を振る人生』PHP文庫
［4］佐渡裕（2017）
［5］矢部輝夫（2015）『リーダーは夢を語りなさい』PHPビジネス新書
［6］『歴史街道』2017年8月号
［7］『日本経済新聞』2017年7月13日
［8］『週刊朝日』2017年7月14日号

おわりに

［1］『Newsletter MIRAI』No.14、2017年10月、未来を創る財団

遠藤功著作一覧（日本語版のみ）

[単著]

[1]　『コーポレート・クオリティ』(1998) 東洋経済新報社
[2]　『MBAオペレーション戦略』(2001) ダイヤモンド社
[3]　『現場力を鍛える』(2004) 東洋経済新報社
[4]　『企業経営入門』(2005) 日本経済新聞社
[5]　『見える化』(2005) 東洋経済新報社
[6]　『図解 現場力』(2005) ゴマブックス
[7]　『ねばちっこい経営』(2006) 東洋経済新報社
[8]　『事例に学ぶ 経営と現場力』(2006) ゴマブックス
[9]　『ビジネスの“常識”を疑え！』(2007) PHP研究所
[10]　『プレミアム戦略』(2007) 東洋経済新報社
[11]　『現場力復権』(2009) 東洋経済新報社
[12]　『競争力の原点』(2009) PHP研究所
[13]　『未来のスケッチ』(2010) あさ出版
[14]　『課長力』(2010) 朝日新聞出版
[15]　『「日本品質」で世界を制す！』(2010) 日本経済新聞出版社
[16]　『「見える化」勉強法』(2010) 日本能率協会マネジメントセンター
[17]　『伸び続ける会社の「ノリ」の法則』(2011) 日本経済新聞出版社
[18]　『経営戦略の教科書』(2011) 光文社
[19]　『図解 最強の現場力』(2012) 青春出版社
[20]　『新幹線お掃除の天使たち』(2012) あさ出版
[21]　『現場力の教科書』(2012) 光文社
[22]　『現場女子』(2012) 日本経済新聞出版社
[23]　『言える化』(2013) 潮出版社
[24]　『賢者のリーダーシップ』(2014) 日経BP社
[25]　『ざっくりわかる企業経営のしくみ』(2014) 日本経済新聞出版社
[26]　『現場論』(2014) 東洋経済新報社
[27]　『ガリガリ君が教える！ 赤城乳業のすごい仕事術』(2015) PHP研究所
[28]　『五能線物語』(2016) PHP研究所
[29]　『結論を言おう、日本人にMBAはいらない』(2016) KADOKAWA

[共著]

[1]　『考える営業』(1994) 東洋経済新報社（村山徹氏との共著）
[2]　『日本企業にいま大切なこと』(2011) PHP研究所（野中郁次郎氏との共著）
[3]　『「IT断食」のすすめ』(2011) 日本経済新聞出版社（山本孝昭氏との共著）
[4]　『行動格差の時代』(2013) 幻冬舎（山本孝昭氏との共著）
[5]　『LFP』(2015) PHP研究所（シャレドア・ブエ氏との共著）

【著者紹介】

遠藤　功（えんどう　いさお）

株式会社シナ・コーポレーション代表取締役。

早稲田大学商学部卒業。米国ボストンカレッジ経営学修士（MBA）。三菱電機、複数の外資系戦略コンサルティング会社を経て、現職。2006年から2016年まで早稲田大学ビジネススクール教授を務めた。

2020年6月末にローランド・ベルガー日本法人会長を退任。7月より「無所属」の独立コンサルタントとして活動している。多くの企業で社外取締役、経営顧問を務め、次世代リーダー育成の企業研修にも携わっている。

株式会社良品計画社外取締役。SOMPOホールディングス株式会社社外取締役。株式会社ネクステージ社外取締役。株式会社ドリーム・アーツ社外取締役。株式会社マザーハウス社外取締役。

『現場力を鍛える』『見える化』『現場論』『戦略コンサルタント 仕事の本質と全技法』『コロナ後に生き残る会社 食える仕事 稼げる働き方』（以上、東洋経済新報社）、『新幹線お掃除の天使たち』（あさ出版）など、ベストセラー著書多数。

連絡先：isao.endo@cenacorporation.com

生きている会社、死んでいる会社
「創造的新陳代謝」を生み出す10の基本原則

2018年 3月 8日　第1刷発行
2021年 12月 13日　第2刷発行

著　者――遠藤　功
発行者――駒橋憲一
発行所――東洋経済新報社
〒103-8345　東京都中央区日本橋本石町 1-2-1
電話＝東洋経済コールセンター　03(6386)1040
https://toyokeizai.net/

ブックデザイン…上田宏志〔ゼブラ〕
D T P…………アイランドコレクション
校　正…………加藤義廣／佐藤真由美
印　刷…………ベクトル印刷
製　本…………ナショナル製本
編集担当………中里有吾

Printed in Japan　ISBN 978-4-492-55784-6